外汇操盘高手
实战交易技巧

刘 夏◎著

中国铁道出版社有限公司
CHINA RAILWAY PUBLISHING HOUSE CO., LTD.

内 容 简 介

本书旨在引领读者成长为外汇交易高手，全书在"基本面分析为主、技术面分析为辅"的框架下，重点解读外汇市场的主要货币、经济数据对外汇市场的影响、美联储对美元及外汇市场的影响，同时对交易计划的制订、外汇量化策略、核心交易技术及外汇交易风险管理等方面进行重点解读，帮助交易者构建全面的交易知识体系，策略性地分析各国货币热点、解读关键经济指标，使交易者能够理性交易，获得超额收益。

图书在版编目（CIP）数据

外汇操盘高手实战交易技巧 / 刘夏著 . —北京：中国铁道
出版社有限公司 , 2022.1
ISBN 978-7-113-28418-3

Ⅰ. ①外… Ⅱ. ①刘… Ⅲ. ①外汇交易 Ⅳ. ① F830.92

中国版本图书馆 CIP 数据核字（2021）第 196342 号

书　　名：外汇操盘高手实战交易技巧
　　　　　WAIHUI CAOPAN GAOSHOU SHIZHAN JIAOYI JIQIAO
作　者：刘　夏

责任编辑：张亚慧　　编辑部电话：（010）51873035　　邮箱：lampard@vip.163.com
编辑助理：张　明
封面设计：宿　萌
责任校对：苗　丹
责任印制：赵星辰

出版发行：中国铁道出版社有限公司（100054，北京市西城区右安门西街 8 号）
印　　刷：三河市兴达印务有限公司
版　　次：2022 年 1 月第 1 版　　2022 年 1 月第 1 次印刷
开　　本：700 mm×1 000 mm　1/16　印张：13.5　字数：170 千
书　　号：ISBN 978-7-113-28418-3
定　　价：69.00 元

前　言

2008年，我第一次踏入伦敦交易大厅，至今已经过去十三年了。令人意想不到的是，十三年后的今天，周围的一切变得比当时更让人担忧，人类不得不去应对各种各样的天灾人祸，金融市场更是跌宕起伏。

2007年下半年，美国次贷危机爆发，导致美国金融状况迅速恶化，大量金融机构及银行倒闭。2010年，"蝴蝶效应"引发希腊主权债务危机并于欧洲蔓延。2008年至2012年，主要发达经济体陷入衰退，美、欧、日都选择通过货币政策来刺激经济，代价是背负上巨大的财政压力。

全球金融危机的后遗症刚有所缓和，2014年，俄罗斯因地缘政治事件引起商品市场、汇市、股市的巨震。石油价格由2014年6月的每桶100美元下跌至2014年12月的每桶60美元，俄罗斯卢布大幅贬值。

2015年1月15日，瑞士央行突发"黑天鹅事件"，导致瑞士法郎汇率异常波动，算法交易进一步"消耗"流动性，加剧了汇价的混乱。

2016年，英国脱欧公投导致英镑大幅贬值、政府债券收益率暴跌。2017年，欧美开启了缩减量化宽松政策的方案。2018年，全球央行货币政策持续收紧，新兴市场货币危机频现，全球性贸易摩擦愈演愈烈，美国陆续宣布对全球多个国家和地区的进口商品征收惩罚性关税。

2019年，美联储近十年来首次降息，全球央行掀起降息潮，全球金融业首现"负利率"。就在这时，新冠疫情引发全球公共卫生危机。2020年，美股熔断、全球央行大放水、新兴国家的汇率接二连三的崩盘，负油价和暴涨的比特币惊爆大众眼球。

马克·吐温有句名言阐述了这样一个道理：历史虽然不会重复，但是会有一定的规律，就像押韵一样。外汇交易者，是历史的旁观者，更是卷入其中的参与者，甚至是某些危机的"始作俑者"。

十三年间，我的职业轨迹也在不断变化，从伦敦到北京，从一个整日对着电脑屏幕的交易员到归国成为创业者、投资者，天翻地覆，却又乐在其中。

在交易和任何其他领域，创新与直觉的引领永无止境。对我来说，人生似乎是一程旅行和体验，也是一场多维度的自我探索。在这本书中，我是一个书写者，将过去十三年在外汇交易中的经验记录成文，而这些恐怕并非绝对真理，是以"我"为出发点的有效性认知。

约翰·肯尼思·加尔布雷思在《不确定的年代》中说，货币是一种古怪的事物。货币和爱并称为人的首要快乐之源；货币和死亡并称为人的首要焦虑之源。代表人类文明的历史与货币交织在一起，千丝万缕。

在今天的中国，"外汇交易员"这个职业仍未成型，规模小、专业化程度低，只要开个账户，在家炒股、炒外汇、炒期货，都称为"交易员"，这与欧美金融市场参与者的"机构化"是截然相反的。

外汇市场的投资者刚学会杠杆就会被杠杆所伤，常常被高额收益诱惑后盲目入场、血本无归，花去了人生中最宝贵的时间，以为自己在做"投资"，其实与赌徒无异。

成功的故事总是鼓舞人心，失败的往事无人愿意提起。听闻一项项成功案例，人的大脑用经验法则代替了大样本概率，"近因效应"和"生动性偏差"让人更容易做出系统性错误的判断。这使得很多未经训练的投资者在不知不觉中成了赌徒。

16世纪三十年代的荷兰，相当于1 000美元一朵的郁金香球茎，不到一个月就变成20 000美元了。到了1636年，一朵郁金香花根售价相当于今天的7 6000美元，比一部汽车还贵。1637年，奇货可居的郁金香一下子就变成了烫手的山芋。此后6个星期内，郁金香价格暴跌了90%，结束这场疯狂的郁金香泡沫。这是有记录的历史上第一次金融危机。

置身于跌宕起伏的郁金香泡沫幻象中，没人否认获得巨额收益带来的喜悦，但更没人胆敢否认暴跌之后的痛彻心扉。

正如牛顿晚年炒股，77岁时亏掉了毕生的积蓄之后，他顿悟道："我能计算出天体的运行轨迹，却难以预料到人们如此疯狂。"

对于外汇交易者而言，每一笔交易如果仅仅依靠直觉、依靠单一判断甚至只是依靠市场氛围是远远不能支撑的。每一个成功的外汇交易者都应该是优秀的复合型人才。从科学的分析方法到灵活变通的艺术创造，建立起完整的思考方式和交易体系。

本书从认识外汇与外汇市场、现有主要货币分析、外汇基本面分析、机构交易员技术分析方法、交易计划制订、外汇量化策略和外汇交易风险管理等方面来展开论述，揭开外汇交易的神秘面纱，引导读者应用外汇投资工具、解读关键经济指标、分析各国货币热点、理性交易、超额获利，让读者从一个预备交易者向积累人生财富的"第一桶金"勇敢前进。

感谢打开这本书的你。希望我们一同保持好奇与探索，在外汇交易的学习中，过程即是结果。外汇交易并不是一劳永逸的，并不是到达某一个时间点就可以保证盈利永不亏损。因此，要跟着市场的浪潮激流勇进，因为不进则退。

感谢曾经聆听我讲授外汇交易课程的学员们；感谢我的家人和朋友们；感谢云核变量集团的股东、合作伙伴、客户多年来的支持和信任，见证云核变量逐步涉足金融、教育、科技、医疗、消费等产业，从投资到实业的多元化发展。也请各位读者牢记，外汇市场变幻莫测，投资风险较大，请谨慎投资。

刘　夏

2021年8月于北京

| 目 录 |

第1章

外汇与外汇市场

外汇市场既是财富增值的聚宝盆，也是充满风险、变幻莫测的斗兽场。太多的交易者在还不了解外汇市场的运行逻辑时就一头扎进其中，不但没有获得预期的收益，反而损失惨重。所以，要想在外汇市场上分得一杯羹，就必须要了解外汇市场的基础知识。

1.1 世界货币体系

要想真正了解什么是外汇，以及外汇市场的运行逻辑，交易者有必要知道当前的世界货币体系究竟是什么样的。

两次世界大战之间的20年间，国际货币体系分裂成了几个相互竞争的货币集团，各国货币竞相贬值，动荡不安。1944年，第二次世界大战即将结束，各国领导人都意识到一个问题：世界需要一个稳定的、可靠的货币体系来对抗战争遗留下来的混乱局面。

1.1.1 布雷顿森林体系

在第二次世界大战后期，英美两国政府出于本国利益的考虑，构思和设计战后国际货币体系，分别提出了"凯恩斯计划"和"怀特计划"。

随着第二次世界大战后美国经济的腾飞，美国拥有全球四分之三的黄金储备和强大的军事实力，成为当时的霸主，美国前财政部助理部长哈里·怀特筹划的"怀特计划"力挫英国代表团团长、经济学大师凯恩斯所推崇的"凯恩斯计划"，成为布雷顿森林会议最后通过决议的蓝本。

1944年7月，美、英、苏、法等44个国家的代表在美国新罕布什尔州布雷顿森林举行"联合国货币金融会议"，又称"布雷顿森林会议"。

布雷顿森林体系实际上是一种国际金汇兑本位制，又称美元黄金本位制。它使美元在战后国际货币体系中处于中心地位，美元成了黄金的"等价物"，各国货币只有通过美元才能同黄金发生关系。从此，美元就成了国际清算的支付手段和各国的主要储备货币。

但是，由于各国经济发展的不平衡性，主要国家经济实力对比一再发生变化，以美元为中心的国际货币制度本身固有的矛盾和缺陷日益暴露。

首先，美元与黄金挂钩，美国通过发行纸币而不动用黄金就可以进行对外支付和资本输出，使美元享有特殊地位，加强了美国的强权地位。当人们对美元产生信任危机，持有太多美元需要兑换黄金时，美元与黄金的固定平价就难以维持。

其次，储备制度不稳定。由于美元与黄金挂钩，而其他国家的货币与美元挂钩，美元虽然取得了国际核心货币的地位，但是各国为了发展国际贸易，必须用美元作为结算与储备货币，这样就会导致流出美国的货币在海外不断沉淀，对美国国际收支来说就会出现长期逆差；而美元作为国际货币核心的前提是必须保持美元币值稳定，这又要求美国必须是一个国际贸易收支长期顺差国。这两个要求互相矛盾，因此是一个悖论，也称为"特里芬难题"。这种难以解决的内在矛盾决定了布雷顿森林体系的不稳定性。

再次，国际收支调节机制的缺陷。该制度规定汇率浮动幅度需保持在1%以内，汇率缺乏弹性，限制了汇率对国际收支的调节作用。这种制度着重于国内政策的单方面调节。

最后，内外平衡难统一。在固定汇率制度下，各国不能利用汇率杠杆来调节国际收支，当美国国际收支逆差、美元汇率下跌时，根据固定汇率原则，其他国家应干预外汇市场，这一行为导致和加剧了这些国家的通货膨胀；若这些国家不加干预，就会遭受美元储备资产贬值的损失。

1950年以后，随着国际收支逆差的逐步增加，美国的黄金储备日益减少。20世纪六七十年代，美国深陷越南战争的泥潭，财政赤字巨大，国际收入情况恶化，美元的信誉受到冲击，爆发了多次美元危机。

20世纪60年代后期，美国没有了维持黄金官价的能力，经与黄金总库成员协商后，宣布不再按每盎司35美元官价向市场供应黄金，市场金价自由浮动。

1971年7月第七次美元危机爆发，尼克松政府宣布实行"新经济政策"，停止履行外国政府或中央银行可用美元向美国兑换黄金的义务。1971年12月以《史密森协定》为标志，美元对黄金贬值，美联储拒绝向国外中央银行出售黄金。至此，美元与黄金挂钩的体制名存实亡。

1973年3月，欧洲共同市场9国在巴黎举行会议并达成协议，联邦德国、法国等国家彼此之间实行固定汇率，对美元实行"联合浮动汇率"。英国、意大利、爱尔兰实行单独浮动汇率，暂不参加共同浮动。其他主要西方货币实行了对美元的浮动汇率。至此，固定汇率制度完全垮台。

美元停止兑换黄金和固定汇率制的垮台，标志着第二次世界大战后以美元为中心的货币体系瓦解。布雷顿森林体系崩溃以后，国际货币基金组织和世界银行作为重要的国际组织仍得以存在，发挥作用。

1.1.2　牙买加体系

20世纪70年代初，在日本、西欧崛起的同时，美国经济实力相对削弱，无力承担稳定美元汇率的责任，贸易保护主义抬头，美国相继两次宣布美元贬值。各国纷纷放弃本国货币与美元的固定汇率，采取浮动汇率制。以美元为中心的国际货币体系瓦解，美元地位下降。

值得一提的是，美元失去霸主地位，但迄今为止仍然是最重要的国际货币。

布雷顿森林体系崩溃后，以美元为中心的多元储备和以有管理的浮动汇率为特征的牙买加体系开始建立。

1976年，国际货币基金组织成员在牙买加会议上正式通过《牙买加协议》，这就是我们今天看到的各国浮动汇率的最初框架。

《牙买加协议》主要设定：浮动汇率合法化；黄金非货币化；提高特别提款权的国际储备地位，修订特别提款权的有关条款，以使特别提款权逐步取代黄金和美元；扩大对发展中国家的资金融通；增加会员国的基金份额。

在牙买加会议讨论过程中，争论最激烈的问题是黄金和汇率体系，所达成的协议要点如下：

浮动汇率合法化——会员国可以自由选择任何汇率制度，可以采取自由浮动汇率制度，或其他形式的固定汇率制度。但会员国的汇率政策应受国际货币基金组织的监督，并与国际货币基金组织协商。

各国应在物价稳定的条件下寻求持续的经济增长，稳定国内的经济以促进国际金融的稳定，并尽力缩小汇率的波动幅度，避免通过操纵汇率来阻止国际收支的调整或获取不公平的竞争利益。

协议还规定，实行浮动汇率制的会员国根据经济条件，应逐步恢复固定汇率制度，在将来世界经济出现稳定局面以后，经国际货币基金组织总投票权的85%多数票通过，可以恢复稳定的但可调整的汇率制度。这部分条款是将已经实施多年的有管理的浮动汇率制度予以法律上的认可，但同时又强调了国际货币基金组织在稳定汇率方面的监督和协调作用。

黄金非货币化——废除黄金条款，取消黄金官价，各会员国中央银行可按市价自由进行黄金交易，取消会员国相互之间以及会员国与国际货币基金组织之间须用黄金清算债权债务的义务。

提高国际储备地位——修订特别提款权的有关条款，以使特别提款权逐步取代黄金和美元，而成为国际货币制度的主要储备资产。协议规定各会员国之间可以自由进行交易，而不必征得国际货币基金组织的同意。

特别提款权，也被称为"纸黄金"，是国际货币基金组织根据会员国认缴的份额分配的，可用于偿还国际货币基金组织债务、弥补会员国政府之间国际收支逆差的一种账面资产。

扩大资金融通——以出售黄金所得收益设立"信托基金"，以优惠条件向最贫穷的发展中国家提供贷款或援助，以解决它们国际收支的困难。

由于该体系实现了国际储备多元化，美元已不是唯一的国际储备货币和国际清算及支付手段，在一定程度上解决了"特里芬难题"。

但从多元储备体系施行后的现实情况看，美元仍占有很大优势。这种多元储备制，无论其币种和内部结构如何变化，国际清偿力的需求仍要靠这些国家货币的逆差输出来满足，实质上是没有变化的。

所以说多元储备体系没有、也不可能从根本解决"特里芬难题"。

1.2　外汇交易基本术语

经常有一些人会问，"最近人民币怎么样了啊""美元是不是又涨了啊"，严格意义上来讲，这种说法都是不准确的。想一下，1美元值多少钱? 1英镑值多少钱? 这其实是很难回答的。因为任何货币和自身价值比较都是没有意义的。

一笔外汇交易实际上体现的是一个货币兑换的过程——卖出一种货币，再用这笔钱买入另一种货币。因此，只有当一种货币跟其他的货币比较时，才能体现出价值。换句话说，我们应该关注的是，比如，"1美元值多少人民币？""在一段时间，1美元能换更多的人民币还是更少的人民币？"只有通过比较，价值才会得以现。

以下为最常用的外汇交易术语和一些容易误解的概念，进入外汇交易前，一定要先理清这些基础的概念。

1. 基准货币/计价货币

外汇交易，交易的是一个货币兑其他货币的比值关系，称为一个货币对。

在一组货币对中，左边的货币叫基准货币，右边的货币叫计价货币。基准货币的强弱决定货币对的走势，计价货币的强弱决定了货币对的价格，任何一方的变化都会影响整个货币对的变化。

举例来说，最常见的货币对是欧元兑美元，英文缩写是EURUSD，其中欧元是基准货币，美元是计价货币。欧元的强弱决定货币对的走势，美元的强弱决定了货币对的价格。

2. 主要货币/主要货币对

外汇交易中七大最常用的交易货币为美元（USD）、欧元（EUR）、日元（JPY）、英镑（GBP）、瑞士法郎（CHF）、加元（CAD）、澳元（AUD），这七大交易货币被称为主要货币，这是流动性最强和最常用的货币，所有其他货币被称为次要货币。

外汇市场以货币对的形式进行交易。如果我们将国际清算银行2016年的报告作为参考，可以说"主要货币对"占每日交易额的3%以上。主要货币对有以下七项：欧元兑美元（EURUSD）、美元兑日元（USDJPY）、英镑兑美元

（GBPUSD）、澳元兑美元（AUDUSD）、美元兑加元（USDCAD）、美元兑人民币（USDCNY）和美元兑瑞士法郎（USDCHF）。

按照传统定义，主要货币对不包括美元兑人民币（USDCNY），因为它几乎不提供给零售客户。同时，由于新西兰元（也称纽元）的突出地位，纽元兑美元（NZDUSD）被纳入主要货币对的范围。

3. 次要货币/次要货币对

次要货币对是指货币对中有一种货币所属国的股票和债券金融市场相对较小或不够发达。次要货币所属的国家可能有巨大的经济体量，例如俄罗斯，但由于这些国家的货币无法自由浮动，这些货币仍然被视为次要货币。

次要货币还包括一些不发达市场及一些新兴市场的货币。

发达市场次要货币的示例是韩元。

次要货币包括墨西哥比索、人民币、韩元、瑞典克朗、俄罗斯卢布、挪威克朗、新加坡元和土耳其里拉。在零售即期外汇市场中，次要货币通常被称为"外来"货币，

大部分次要货币在外汇总交易量中仅占据极低的份额。例如，欧元兑土耳其里拉（EURTRY）占0.1%，而美元兑土耳其里拉（USDTRY）占1.2%。

还有许多其他货币也被视为次要货币，例如波兰兹罗提、匈牙利福林、南非兰特、巴西雷亚尔等。在波兰和匈牙利，人们对这两个国家正式进入欧洲货币联盟的完全预期使欧元得以广泛使用。

将主要货币与次要货币组合并不能形成主要货币对，它仍然是次要货币对。

4. 直接标价法/间接标价法

直接标价法是以一定单位（如1单位）的外国货币为标准，折合若干单位

的本国货币。就相当于计算购买一定单位外币应付多少本币，所以也叫应付标价法。

包括中国在内的世界上绝大多数国家都采用直接标价法。如美元兑日元（USDJPY）、美元兑瑞士法郎（USDCHF）、美元兑加元（USDCAD）等均为直接标价法。举个简单的例子，1美元≈6.565人民币，对我们而言，这就是直接标价法。

间接标价法是以一定单位（如1单位）的本国货币为标准，来计算应收若干单位的外国货币。间接标价法又称应收标价法。在国际外汇市场上，欧元兑美元（EURUSD）、英镑兑美元（GBPUSD）、澳元兑美元（AUDUSD）等均为间接标价法。

5. 直盘/交叉盘

货币组合里有美元的货币对，称为直盘。如美元兑日元（USDJPY）、欧元兑美元（EURUSD）。

交易货币组合里没有美元的，称为交叉盘，如欧元兑瑞士法郎（EURCHF）、英镑兑日元（GBPJPY）。

6. 开盘价/收盘价

开盘价又称开市价，是指一种货币在每个交易日开盘后的第一笔交易价格；收盘价是指某一货币在一天交易活动结束前的最终交易价格。

收盘价是当天市场的基准，是下一个交易日开盘价格的基础，可以用来预测未来的市场价格。

7. 买入价/卖出价

对外汇交易者来说，买入价就是提供报价者的卖出价，卖出价就是提供报价者的买入价。比如: 欧元兑美元(EURUSD)报价1.117 8/1.118 0,左边的为交易者卖出欧元的现价,右边的交易者买入欧元的现价。

8. 点差

四位计价法中,两种汇价之间的价差,以点差表示。以"1单位汇率"标记的外汇对,小数点后第四位称为"1点"。

比如: 欧元兑美元(EURUSD)报价1.117 8/1.118 0,点差为2个点。英镑兑美元(GBPUSD)从1.241 0跌至1.239 0,下跌了20个点。

以"100单位汇率"标记的外汇对,小数点后第二位称为"1点"。比如: 美元兑日元(USDJPY)报价108.93/108.94,点差为1个点。加元兑日元(CADJPY)从77.64上涨至77.94,上涨了30个点。

9. 手数

"手"是外汇交易中交易数量的单位,在外汇交易中一手代表10万基础货币。比如,买入1手欧元兑美元(EURUSD),意思就是买入100 000合约单位计价的欧元兑美元(EURUSD),买入0.01手EURUSD,意思就是买入1 000合约单位计价的欧元兑美元(EURUSD)。

10. 合约单位

指交易1手外汇合约中所买卖的数量。1手外汇合约的合约单位是10万基础货币。

例如: 1手欧元兑美元的合约单位为100 000欧元,1手英镑兑日元的合约单位为100 000英镑。一手合约持仓下,一个点的价格波动对应10美元。

11. 保证金/保证金交易

保证金是交易者必须缴纳给经纪商的资金。从技术上而言，保证金有两种形式——初始保证金与维持保证金。初始保证金是为了开始交易而存入账户的初始金额，维持保证金则是交易商要求额外交纳，用于保证本金与借入资金成正确比例的资金。

外汇市场中，保证金交易是指杠杆交易，交易者只需支付一定的保证金就可进行100%额度的交易。

12. 杠杆比例

杠杆比例决定了须支付的保证金的金额。如1∶100杠杆，只需支付百分之一的交易金额为保证金。风险跟杠杆没有直接关系，杠杆只是减少了交易者占用的资金。

1∶100杠杆时，买入1手欧元兑美元合约占用1 000美金。如果账户资金为5 000美金，那么欧元兑美元下跌500点时，若未追加保证金，交易将被系统强制平仓。因此，真正的风险控制与交易者的交易策略、止损设置、持仓比例等密切相关。

13. 外汇套息交易

单纯的货币套息交易操作是指交易者决定卖出低息货币并买入高息货币，且每日或每周为头寸注资，以获得最佳息差。低息货币被称为"融资货币"。

在一个环境中，若低息货币的收益持续降低，而高息货币的收益持续走高，那么每日为该头寸注资是一种简单的获利方法。

用定义的方式看外汇套息交易可能有些抽象，在这里举一个简单的例子。2007年8月，美国联邦基金利率为5.25%，南非兰特的SABOR利率为9.60%。假设这些利率每天大致相同。若交易者在即期市场卖出美元、买入南非兰特，则可以通过将头寸展期一定时间期限来获得远期点数收益。请记住,货币远期点数的基础是一个包括即期利率、利率差异和时间期限的公式。

14. 投资/投机

投资和投机并不是一回事。这两个词语之间的差别,并不在于褒义或贬义的词性之分。对于普通人来说,这两个词很难区分,经常会被混用。在金融当中,这两个词是有着完全不一样的意义。

其实,有一种最为简单、准确的方式来区分这两个词,投资是价值的变动,投机是价格的变动。解释一下,投资的收益,是来自于投资物所产生的新财富;而投机的收益,是来自于另一个投机者的亏损。再进一步说,投资的收益来自做大的财富蛋糕;而投机的收益只是来自价格的波动。

基于这种区别,就不难得出一个结论:凡是靠价差获利的,都不是投资行为。因此,绝大多数的金融行为实际上是投机行为,而非投资行为。也就是说,外汇交易的行为目的简单明了——利用买卖价差获取收益。投机交易对市场价格形成及市场流动性有重大影响。

1.3 外汇市场如何运作

国内大部分交易者的"战场"都在A股市场,股票交易的神秘面纱已然不存在了。然而,外汇交易的散户交易者相对比较少,要想投身于外汇交易中,就要对外汇市场的运作机制、逻辑进行了解,让外汇交易不再神秘。

1.3.1 从有形市场到无形的市场

外汇市场最初流行于欧洲,是有形的市场。固定场所一般是指外汇交易所,通常位于世界各地的金融中心。从事外汇业务经营的双方,需要在每个交易日的规定时间内进行外汇交易。

在自由竞争时期,西方各国的外汇买卖主要集中在外汇交易所。但进入垄断阶段后,银行垄断了外汇交易,导致外汇交易所日渐衰落。

随着技术的不断进步,现在的外汇市场是一个由互联网交织而成的无形市场,没有固定的、具体的交易场所。这种市场最初流行于英国和美国,故其组织形式被称为英美方式。这种组织形式不仅扩展到了加拿大、日本等其他国家,也逐步渗入欧洲大陆,逐渐形成了一个世界范围的无形外汇市场。

无形外汇市场与有形外汇市场相比有很多显著的区别,比如,无形外汇市场没有明确的开盘和收盘时间,交易双方也不需要进行面对面的交易。除个别欧洲国家的部分银行与顾客之间的外汇交易还在外汇交易所进行外,世界各国的外汇交易均通过互联网进行。

无形外汇市场已成为当前外汇市场的主导形式。

1.3.2　全球市场

随着网络技术的深化应用,如今的外汇市场是一个由互联网交织而成的、24小时不间断交易的世界市场,这使得原本孤立的银行间市场演变成了24小时完全打通的国际市场,任何人都可以通过电脑参与外汇市场的买卖。

因为时空上的限制,不同货币对的活跃时段有很大的差别。各国的货币在其国家对应的日间时段交易最为活跃。交易一个货币对,应关注其包含的两个货币对应的时间段。表1-1列举了各主要城市的外汇市场活跃时间。

表1-1　主要外汇市场活跃时间

地　区	城　市	当地开收盘时间	换算为北京时间的开收盘时间			
			非夏令时		夏令时	
			开盘	收盘	开盘	收盘
大洋洲	惠灵顿	9:00-17:00	5:00	13:00	4:00	12:00
	悉尼	9:00-17:00	7:00	15:00	6:00	14:00
亚洲	东京	9:00-15:30	8:00	14:30	8:00	14:30
	中国香港	9:00-16:00	9:00	16:00	9:00	16:00
	新加坡	9:30-16:30	9:30	16:30	9:30	16:30
欧洲	法兰克福	9:00-16:00	16:00	23:00	15:00	22:00
	苏黎世	9:00-16:00	16:00	23:00	15:00	22:00
	巴黎	9:00-16:00	16:00	23:00	15:00	22:00
	伦敦	9:00-16:30	17:30	00:30	16:30	23:30
北美洲	纽约	8:30-15:00	21:00	04:00	20:00	03:00
	芝加哥	8:30-15:00	22:30	05:00	21:30	04:00

按照夏时令，北京时间星期一4:00，外汇交易就从大洋洲的惠灵顿开始了，6:00，悉尼开盘，两小时后东京衔接，而后中国香港、新加坡相继开盘。15:00，法兰克福、苏黎世、巴黎的市场开盘，16:30英国伦敦刚刚迎来开市。

北京时间20:30，纽约正式开盘，再过一个小时，芝加哥开盘，直到第二天的4:00，刚刚收盘，新的一天又开始了，惠灵顿和悉尼市场又忙碌了起来。

冬天由于大洋洲、欧洲、北美都采用冬令时，开盘的时间会晚一个小时。

1. 伦敦外汇市场

伦敦是全球老牌金融中心（其交易时间约为北京时间16：30至次日00：30），也是开展外汇交易最早的地方。其悠久的传统使得各国银行习惯性地在其开盘后才开始进行大宗的外汇交易。因此，全球外汇市场一天的波动也就随着它的开盘而开始加剧，散户交易者在这个时段的机会也将逐渐增多。

欧洲央行、英国央行利率决议、德国IFO景气判断指数及英国、欧元区12国GDP等因素，对欧洲外汇市场波动程度有一定的影响。

伦敦外汇市场上的交易货币几乎包括了所有可兑换货币，除了欧元兑美元（EURUSD）外，规模最大的是英镑兑美元（GBPUSD）的交易，其次是英镑兑欧元、瑞士法郎及日元的交易。

2. 纽约外汇市场

由于美国股市是全球最大的资本流动中心，因此纽约市场是全球最活跃的外汇交易市场（其交易时间约为北京时间20：00至次日4：00），其高度的活跃性也就意味着交易者盈利机会相比较而言更多。

除美国股市外，其GDP数据、公开市场委员会利率、美联储公开言论、生产价格指数、消费价格指数、非农就业人数、失业率等一系列基本面数据，都会成为影响汇市的重要因素。

目前占全球90%以上的美元交易最后都通过纽约的银行间清算系统进行结算，因此，纽约外汇市场成为美元的国际结算中心。

纽约外汇市场是除美元以外所有货币的第二大交易市场，这些货币按所占的交易比重排序，依次是欧元、英镑、瑞士法郎、加元、日元等。

3. 东京外汇市场

东京市场是亚洲最大的外汇交易市场（交易时间约为北京时间的8：00-14：30），但在三大外汇市场中却是规模最小的。

在东京外汇交易所交易时段，可能仅有日元出现大幅波动的概率大一些。此外，日本作为出口大国其进出口贸易的收付较为集中，因此具有易受干扰的特点。

东京外汇市场的交易货币比较单一，主要是日元兑美元和欧元的交易。

4. 悉尼外汇市场

从北京时间来看，悉尼外汇市场是每天全球最早开市的外汇市场之一，交易时间约为北京时间6:00-14:00。通常汇率波动较小,交易品种以澳元、新西兰元和美元为主。

交易活跃时段及注意事项:

除去周末非交易时段,不论何时何地发生任何消息,交易者都可以及时做出反应。也就是说,交易者可以对进场和出场的时间做弹性的规划,这个在以前都是不可想象的。

从市场的波动程度来讲,通常情况下,北京时间5:00-15:00行情一般极其清淡;15:00-18:00为欧洲上午市场,15:00后一般有一次行情;18:00-20:00为欧洲的中午休息的时间段和美洲市场的清晨,较为清淡。这段时间是欧洲的午休时段,也是等待美国开盘的前夕。20:00-24:00为欧洲市场的下午盘和美洲市场的上午盘。24:00后到清晨为美国的下午盘,一般此时已经走出了较大的行情,这段时间多为对前面行情的技术调整。

根据历史经验和总结来看,最佳交易时段通常是两大外汇交易地区重叠的交易时段,如亚洲和欧洲市场重叠(北京时间15:00-16:00)、欧洲和北美洲市场重叠(北京时间20:00-24:00)的交易时段市场最活跃。

伦敦、纽约外汇市场交易时段:特别是伦敦、纽约两个市场交易时间的重叠区(北京时间20:00-24:00),是各国银行外汇交易的密集区,因此是每天全球外汇市场交易最频繁、市场波动最大、大宗交易最多的时段。

每周的周中(北京时间周二至周四)是一周交易较活跃时段,较适宜交易。

有适合交易的时段也就会有不适宜交易的时段,通常来讲,周五不适合贸然交易,因为可能会有一些出乎意料的消息产生,此时交易风险比较大,同时,周一刚开盘交易量清淡,节假日一些银行会进行休市,此时不宜交易。另外,重大事件发生时也不适合交易,因为此时入市风险较大。

除了这些规律外,一般本地货币会在本地市场的交易时段内比较活跃,交易者可以根据自己手中的币种进行交易时段的选择。

比如:亚洲市场开市时的澳元、日元相对比较活跃,欧洲市场开市时的欧元、英镑、瑞士法郎相对比较活跃,美洲市场开市时的美元、加元相对比较活跃。

需要注意的是,选择时段进行交易,仅是外汇交易中的小技巧,并非决胜的"法宝"。如果要让赚钱更有把握,还是应该保持对市场的观察,并熟练掌握分析技巧。

1.4　交易特性

外汇市场的高成交量对交易者来说,有利于资金的快速进出,也有利于交易者的快速调度和头寸的灵活处理。市场的巨大交易量会极大降低价格被操纵的可能。因此,技术分析和基本面分析的有效性都会比较高。

外汇市场从星期一早晨到星期六凌晨,不停地运转,对于交易者来说,交易时间的可选择性大大增加,但是作为交易者,不能只了解时间上的自由,还要了解其最重要的交易特征,即做空机制和高杠杆特征。

1.4.1　做空机制

做空机制是与做多相反的一种运作机制,是指交易者因为对市场的未来走向

（包括短期和中长期）看跌所采取的保护自身利益和借机获利的操作方法，以及与此有关的制度总和。

目前，在我国的金融市场当中，股市还不存在直接做空机制，交易者无法做空套利，但是在外汇市场，已经形成了比较成熟的做空机制，可以供交易者做空获利。

在外汇市场中，不管价格上涨还是下跌，交易者都有获利机会。

外汇市场里的做空不仅常见且十分便捷。在外汇对的交易中，可以直接点击"卖出"，等待价格下跌后"买入"平仓，即轻松完成做空操作。

1.4.2　高杠杆交易

很多交易者一听到杠杆这个词，天然就会产生抗拒，认为这个词太过复杂，不容易理解。

我用购买房子来举例解释杠杆的应用原理，比如，一套房子价值100万元，不考虑贷款的情况下，消费者需要拿出100万元才能购买，此后，如果房价上涨至110万元，那么房产所有者就拥有了10万元的收益，收益率为10%。

这时，如果运用杠杆参与其中，假设卖房子的人提供了100倍的杠杆给买房人，那么，买房人交1万元的押金就可以参与房产投资。如果房价从100万元变成110万元，相对于1万元的投入而言，买家收获了10倍的利润。从这个角度来说，杠杆确实放大了收益。

相应地，杠杆也扩大了亏损，如果房价从100万元跌到90万元，相对于1万元的投入而言，买家就有了10倍的亏损。

所以，杠杆放大了收益的同时也放大了亏损，这是所有交易者最需要警觉的部分。在进行有杠杆交易之前，一定要学习市场的分析方法和风险管理的办法，否则最后将一贫如洗，一败涂地。

那么，这是不是意味着杠杆越大风险越大呢？其实也不是。很多交易者将保证金交易中的杠杆比例等同于实际交易的风险系数，这是错误的。

如果交易商向交易者提供了100倍的资金杠杆，不等于交易者在交易中承担了100倍的风险。杠杆比例和交易风险没有直接的关系，和交易风险挂钩的是交易账户内的保证金数额、开仓的数量、止损价位。

举个简单的例子，比如一个交易者账户里的资金是2 000美元，交易商给交易者的杠杆比例是1∶100，如果买1手美元兑日元（USDJPY）占用资金1 000美元，账户内还有1 000美元是可用的。

一个基点的价格波动对应的是10美元的盈亏，那么账户里剩下的1 000美元可以抵抗100点的风险。也就是说，当美元兑日元（USDJPY）价格下跌了100点，交易者才有可能被要求增加保证金，否则，账户里的钱不够了，就可能面临系统的强制平仓。

当然，实际情况有可能当价格还没跌100点，有的交易商就会让交易者补充保证金。比如说，有的交易商看到交易者保证金剩下20%的时候就要求追加保证金，这个的具体情况还要询问报价的交易商。

还有一种情况，账户里的资金2 000美元，这个条件不变。交易商给交易者的杠杆比例是1∶400，那么交易者买一手美元兑日元，占用的资金就是使用1∶100倍杠杆的1/4，就是250美元。

2 000美元减去250美元，交易者的账户里还有1 750美元是可用的。1 750美元可以抵抗175点的逆市风险。也就是说，交易者买了美元兑日元（USDJPY），除非价格下跌超过175点，否则，就不需要增加保证金的金额。

因此，400倍的杠杆，跟100倍的杠杆相比，可以容忍市场多向反方向波动75个点。所以，在资金、交易的手数相同的情况下，杠杆比例越高，抗风险能力越强。

至此，交易者应清楚理解了两个问题：第一，杠杆可以扩大收益，但是同时也会扩大亏损。第二，杠杆比例跟交易风险没有直接的关系。杠杆高，使得交易时使用的保证金少，从这个角度来讲，高杠杆反而可以更好地抵抗风险。

在外汇交易里，对个人交易者最有用的保护之一就是设置止损。也就是说，在开仓的同时，应设置好止损，只要账户总资金能够覆盖止损点位对应的最大亏损，那么不管用的杠杆比例是多少，这一笔交易最坏情况下的最大亏损都只跟交易者设置的止损位有关，而跟杠杆大小无关。

1.5 外汇交易中的雷区

外汇交易不仅具有很强的专业性，而且对交易者的心理素质要求也非常高，交易一旦失手，损失就会变得非常惨重。简单来说，外汇交易当中主要有以下几个雷区交易者须绕行。

1.5.1 交易品种过于分散

很多交易者在投资过程中，心里没有底，一心践行"不要把鸡蛋放在同一个篮子里"的理念，交易的种类过于分散。

事实上，交易者没有真正把握这句话的精髓，一旦交易的种类过于分散，研究、计划，以及持仓期间的"机会成本"和"沉没成本"都会上升。

过于分散的交易,需要耗费大量的精力,跟踪多只外汇货币对的难度有多大可想而知。即使是在好的点位买入和卖出,也可能会因为分配到该外汇对上的资金量有限而错失收益。

1.5.2　心态不端

交易者在交易过程中往往容易陷入三个心理误区:侥幸心理、缺乏耐心、不懂取舍。

一些交易者在数据行情来临、走势与自己预期相悖产生亏损时,总是认为自己持仓的货币对能够幸免于难。这样做的后果只能是仓位越来越大,亏损越来越多,最后导致爆仓。

与侥幸心理相反的是缺乏足够的耐心。很多交易者不管是在上升趋势还是下降趋势当中,都是满仓操作,很少选择空仓,没有耐心等待最佳时期。

一些不成熟的交易者略亏一点儿就急着将手中的交易平仓,以减少损失,看到别人赚钱又急着入场,完全不考虑自己的交易计划,这在外汇交易当中是十分危险的举动,不仅不容易获利,还会导致巨大的亏损。

贪婪,不懂取舍,是外汇交易的大忌。很多交易者想要抓住仓位的每一点涨幅,不愿接受已计提的亏损。喜欢死扛、舍不得止损;想要获得更高的收益,不及时止盈,这样做不但会产生机会成本和时间成本,更容易导致亏损,错过最佳的时机,越套越深。

1.5.3　冲动、无计划交易

很多交易者在交易过程中很容易冲动,以自我为中心,尤其是一些刚刚进入外汇市场、又恰好尝到过收益甜头的交易者,最容易犯下这样的错误。

不会客观分析市场,也不懂得根据市场行情制定策略,一旦出现自己认为的"机会",就盲目杀入,很容易忽略风险。同时,这种交易者往往性格也比较冲动,容易受到情绪的干扰,无法保持平稳的交易心态,交易获利的可能性就更低。

外汇交易中有一句话很有意思,叫"计划你的交易,交易你的计划",这句话听起来非常简单,但真正做起来难度却非常大。

外汇交易是一个很反人性的东西,需要交易者克服人内在的贪婪、恐惧、侥幸心理,激活人的理性思维,这时就必须要有计划。

计划包含很多方面,无论是对市场行情的分析、操作对象的确定、止盈止损点位的设置等都是有计划的。因此,在操作过程中,交易者如果没有计划,盲目操作,结果往往是不容乐观的。

1.6　外汇交易分析方法

外汇交易分析有很多种方法,每种方法都各有优劣,在这一部分当中,我们会重点研究以下每种分析方法的优缺点。

1.6.1　基本面分析

基本面分析是一种典型的市场分析方法,就外汇交易而言,一般是基于对宏观基本因素的现状、发生的变化,以及未来发展方向会对汇价的影响进行研究分析,以此判断汇价走势。

加深对基本面的了解,会极大减少认知以外的事情出现的概率。举个简单的例子, 也是现实中经常出现的情况, 当央行调整利率时, 对于对基本面了解非常深的交易者来说, 既可以在调整利率前事先根据新闻动态、国家政策等做出相应的预判, 也可以在调整利率后做好准备, 迅速应对。

交易者通过基本面分析可以初步预判出汇率走势。外汇市场是人为创造的市场, 人为因素又存在脱离理性分析的可能, 因此, 汇率判断并没有一套 "绝对真理"。

在缺少系统性认知的情况下, 容易得出错误的结论, 也容易偏离外汇交易的市场逻辑。

还是以央行调整利率为例, 某种理论可能告诉我们, 当央行提高利率时, 汇价应该会下跌, 因为整个经济的本金加利息应该守恒。但是显然守恒并不会一直发生, 至少最开始的时候并不会发生, 因为加息可以吸引资金流, 汇率通常会上涨, 而不是下跌——守恒仅限于两种货币所属国的所有条件相当时。

由于判定汇率走势有非常多的理念、流派, 且受到政治、交易环境及外部变量因素的影响非常大, 基本面分析更应该说是一种经验总结, 一种艺术, 但很难称其为科学。

这就不难理解, 为什么一些经济学家毕生研究经济理论与历史, 却没能成为卓越的外汇交易者。比方说, 谈论到通胀时, 大部分基本面分析师断定量化宽松政策无可避免地会引发通胀。而这种论断忽略了一个事实: 大量增加货币供应, 但如果央行保持货币不外借, 则既不会见到经济增长, 也不会见到通胀。这一理论也并非完全错误——从历史长河中的相关情况来看, 货币供应量的增长与通胀的上升密切相关, 但这种相关性仅限于货币流通速度保持正常的非危机情况下。

客观来讲, 仅从经济学理论分析汇率变化对外汇交易的帮助有限。当然, 花时间进行基本面分析也不是毫无用处。很多时候,基本面研究分析带来的优势,更多地体现在选取有用的方法与对市场"直觉"的提升上。

1.6.2　技术面分析

外汇交易当中,很多交易者愿意采用技术面分析的方式。什么叫技术面分析呢? 简单来说,技术面分析就是依据市场的历史资料、历史数据对外汇市场或某个特定货币对的价格未来变动方向和程度做出判断。

在实际运用中,通常会借助一些画有各种技术指标的图表,并结合相应的交易规则、交易策略来预测汇率的走势。

技术面分析的主要优势在于,它是建立在丰富的观察、客观的统计学概率基础之上的。因此,可以避免基本面分析中的理论缺陷与意识形态问题。

举个简单的例子,交易者利用随机震荡指标来判断一种货币是否被超买或超卖。在大趋势中,随机震荡指标给出超买或超卖信号,预示大趋势即将减弱或结束。当然,随机震荡指标也有失效的时候。

交易者须记住,技术分析的有效性建立在概率基础之上,而非绝对真理。

技术面分析还有一个重要的优势,就是可以减少情绪干扰。交易者可能认为从经济层面而言,日元相对于某另一货币过于强势并不公平,但是分析指标表明这是趋势,交易者就需要认真思考判断。

当然,技术面分析也存在很多的问题,其中一个比较大的问题就是技术面分析都是基于历史的价格动向,因此,它并不是真正的前瞻性分析方法。

很多交易者认为有些指标具有预测能力,其实不然。这种预测的基础假设条件是"交易者认为其他交易者会重复其行为",而这并非事实,交易行为并非一直是以相同的方式重复的。

或许技术面分析最糟糕的方面在于, 交易者无法获得全部市场中全部指标的可靠信息。虽然交易者在特定市场的特定时段内可以获得可靠的技术指标作为信号, 但这些指标的可靠性有可能在下一个时段发生变化, 它们在不同市场内的表现也不同。

例如, 适合欧元兑日元(EURJPY)的技术分析信号不一定适合美元兑日元(USDJPY), 适合当前行情的技术分析信号也不一定适合下一年的行情。

总体而言, 基本面分析和技术面分析各有优劣, 如表1-2所示, 从表中可以清楚地看到基本面与技术面之间的优劣势。

表1-2　基本面、技术面的优劣势对比

	基本面	技术面
最大优势	容易理解、门槛低	(1)因广为应用而具有效性, 情绪干扰较少 (2)类别较少、易于学习
最大劣势	(1)意识形态的风险 (2)信息超载 (3)对逻辑、信息筛选、信息挖掘的能力要求高	(1)需要根据条件修改指标 (2)需要概率思维与统计学能力

1.6.3　量化分析

量化分析、量化交易虽然听起来非常神秘, 但其实这并不是一个新名词, 量化交易在国外已经有数十年的发展历史。

随着人工智能的发展、互联网大数据技术的完善, 将这些数据分析的技术手段用于量化交易之中让很多交易者心动, 量化分析也变得越来越受到关注。

金融也好, 外汇也罢, 从本质上来说, 是"从历史中发现未来", 交易者很多的判断、每一次的交易决策都是基于历史经验的总结, 简单来说就是"历史数据中出现概率更高的那个结果往往更具有可信度"。因此, "分析数据、寻找规律、连结因果、推断概率", 是外汇交易过程中很重要的部分。而"量化"以上四个维度恰好是计算机最擅长的部分。

量化分析、量化交易本质上就是利用计算机技术从海量的历史数据中搜寻大概率事件，然后根据大概率事件制定策略并且根据策略做出相应的交易决策。

外汇领域的量化交易策略主要分成三类，如图1-1所示。

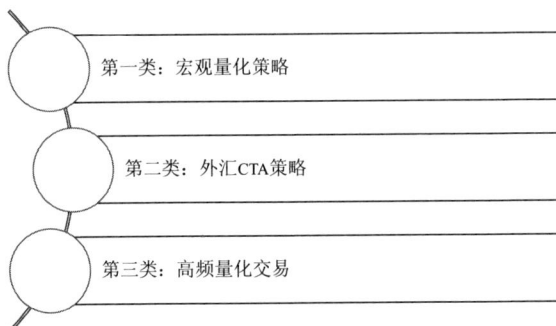

第一类：宏观量化策略

第二类：外汇CTA策略

第三类：高频量化交易

图1-1　外汇领域量化分析交易策略

（1）宏观量化策略，就是对全球经济宏观面进行预测，并选择外汇、股票、债券等标的资产的交易来实现其策略。代表人物是索罗斯和保罗·都铎·琼斯；

（2）外汇CTA策略，更偏向于中期和中短期，两家著名对冲基金公司元盛资本（Winton Capital Management）、英仕曼（Man Group）可以作为这一策略的代表，它们一般是与高盛、摩根等大型银行及交易商进行交易；

（3）高频量化交易，高频量化原理相对简单，但是对技术和设备要求比较高，低延时这一点非常重要，这种策略的代表则是各大跨国银行，比如花旗银行、德意志银行等外汇量化部门。

对于量化交易，此处只做简单介绍，后面章节当中会有完整的论述。

第 2 章

辩证地看现有主要货币

世界上几乎每一个国家都有属于自己的货币，但并不是每一种货币都能用于外汇交易，也并不是每一个货币都能在外汇市场上很好地流通，所以，本章重点放在分析那些主流的、交易度高、流通性好的货币上。

职业交易员首选的外汇品种为传统七大货币。随着中国经济实力的崛起，加之中国外汇交易者很大程度上需要与人民币打交道，故本章共介绍八种货币种类。只有充分了解每一种货币的特性、流通特点，才能更好地规避风险，获得收益。

2.1 美　　元

美元是全球硬通货,很多国家央行的主要储备货币一般都是美元。美国的政治、经济地位决定了美元的地位,同时,美国也通过影响美元汇率为美国的自身利益服务。

虽然近些年美元在国际上的交易份额比例有所下降,但是无可否认,美元仍是各国中央银行用于支付或储备的最终选择。不仅如此,美元依然还是全世界在国际贸易和金融活动中使用最多的货币。

相比英镑,美元的发展历史其实并不长。1792年,美元在13个殖民地形成货币区,当时,美国只有400万人口。发展到19世纪晚期,美国的实力大涨,已经成为世界上强大的国家之一。

1914年,第一次世界大战爆发时,美国的经济总量已经位居世界第一,这使得美元国际地位迅速提升。同时,欧洲国家从美国购买战争用品,大量黄金流入美国,美国联邦储备银行将黄金作为法定货币,导致国内出现了明显的通货膨胀。

1914年至1920年,美国的物价水平比之前翻了一倍。为治理通货膨胀,恢复物价,美国进入了通货紧缩时期,仅1920年一年,物价便下降了30%,这也是美国历史上最大的通货紧缩。

不能否认,金本位体系的35年是自由资本主义繁荣昌盛的"黄金时代",固定汇率制凭借其保障国际贸易和信贷安全、方便生产成本核算、避免国际投资风险等优点,极大地推动了国际贸易和国际投资的发展。然而,严格的固定汇率制度使各国难以根据各国经济发展的需要制定并执行有利的货币政策，经济增长受到严重制约。

二战期间，国际货币体系更是陷入混乱，为解决这一状况，美国财政部官员怀特和英国财政部顾问凯恩斯分别从本国利益出发，设计战后国际货币金融体系，提出了两个完全不同的计划，即"怀特计划"和"凯恩斯计划"。

"怀特计划"主张取消外汇管制和各国对国际资金转移的限制，设立一个国际稳定基金组织，发行一种国际货币，使各国货币与之保持稳定的固定比率，也就是基金货币与美元和黄金挂钩，会员国货币都要与其保持固定比价，不经"基金"会员国四分之三的投票权通过，会员国货币不得贬值。

而"凯恩斯计划"则从当时英国黄金储备缺乏出发，主张建立一个世界性中央银行，将各国的债权、债务通过它的存款账户转账进行清算。

二战末期，英、法、德、日、苏联等国在战争中损失惨烈，经济更是濒于崩溃，唯有美国大发战争财，经济得到空前发展，美国成为资本主义世界当之无愧的霸主。在这种情况下，二战后形成了以美元为中心的国际货币体系。

美元在国际货币体系中的霸主地位为美国带来了巨大的收益：美国经济实力雄厚，投资环境稳定，在美国投资能够带来较为可观的利润。

美元是国际货币，美国向全世界借债后，无须对等偿还债务，还可以无节制地加印美元偿还债务。虽然此举会造成美元贬值，但是能减轻美国的外债负担，还可以刺激出口，改善其国际收支状况，因此，对于美国这是利大于弊的。

当前，美元虽然不像当初那样称霸全球，但其依然具有非常明显的优势，交易者需要认真判断，从不同阶段美国自身利益的角度去衡量美国政府与央行对美元汇率的态度，这样会更容易把握美元兑各国货币的走势。

2.2　欧　　元

在20世纪九十年代，去过欧洲的人还比较少，全球的流动还没有那么快，那时候欧洲人身上都得带着各种钱，比如说，从荷兰到比利时，尽管是离得非常近的两个国家，但是由于通用货币不一样，还得找地方去换钱。而且，消费完的找零通常是硬币，随身携带非常沉重。

1999年1月1日，欧盟国家开始实行统一货币政策，2002年7月欧元成为欧元区的合法货币，欧元由欧洲中央银行和各欧元区国家的中央银行组成的欧洲中央银行系统负责管理。

欧元的诞生，增加了国际贸易中欧元结算的比重，增强了欧元的国际货币投资地位，更完善了欧洲的金融市场，尤其是改进了欧洲债券的交易体系和融资方式，极大地提高了效率和透明度。欧元的形成，也为欧洲金融市场打下了基础，使其拥有了能够与美国金融市场相抗衡的可能。

欧元从诞生的那一刻起，就具有了国际化属性，并且很快发展为全球性的国际货币，甚至在短时间内一跃成为仅次于美元的国际储备货币。

目前，世界上有超过50个国家的货币与欧元建立了联系，欧元作为计价货币的作用越来越大。举个简单的例子，特别提款权一篮子4种货币当中，欧元的权重逐年攀升，已从1999年的32%上升到了2011年的37.4%。

交易者不难发现，欧元目前已经具备了国际货币的全部属性，并且正逐步缩小与美元之间的差距。2008年经济危机，欧元区在一定程度上扮演了一个安全港的角色。

当然，欧元同样具有风险，其最大的、最根本的风险是其缺少单一政府支持。

欧洲至今没有成立欧元区政府，只有参与国，对于一些需要政府干预的问题，欧洲委员会无法发挥巨大的作用。

特别是当欧洲出现经济和金融问题时，对这些国家的经济和金融进行管理、干预，需要政府之间的通力合作，然而各国有自己的考量，最终能否形成共识不得而知。由此可见，欧元的系统性风险也是十分明显的。

因此，交易者在选择欧元进行交易时，不仅要考虑到"欧元区"的整体因素，还要考虑到突发的、个别成员国的因素，不可盲目行事，损失本金。

2.3 英　　镑

英镑由重量单位"磅"演化而来，主要由英格兰银行发行，但也有其他的发行机构。由于英国是世界上最早实现工业化的国家，曾一度称霸全球，英镑曾是国际结算业务中计价结算使用最广泛的货币，在国际金融业中也同样占据统治地位。

一战和二战结束以后，英国的经济地位不断下降，但英国的金融业还是很发达，在外汇交易结算中仍占据重要地位。

150年间，英镑的价值虽然有过起伏，但总体上来说是呈下降趋势的。在19世纪巅峰时期，世界收入的20%由英国创造，英国更是控制了全球出口的40%以上，英镑是当时当之无愧的世界储备货币。

不过自从二战以后，英国国际政治、经济地位均被美国取代，贸易实力遭到严重削弱，债务沉重。到20世纪六十年代，虽然还有一半的国际贸易以英镑计价，但英镑却连续贬值，很多英联邦国家都不再愿意大量持有英镑。

布雷顿森林会议的召开,确定了以美元为中心的国际货币体系。自此,英镑作为世界结算货币的地位逐渐被美元取代。1949年,英国政府被迫宣布英镑贬值30.5%,1967年,首相哈德罗·威尔逊又宣布英镑自动贬值14%,这对英镑来讲是非常大的打击。

1990年,英镑加入欧洲汇率机制,本以为这是融入欧洲的开端,却不曾想,让英镑陷入新的危机。冷战后为了缓解通胀压力,德国政府决定提高利率,这给当时维持低利率的英国带来了巨大的压力,而后英镑更是被做空,难以维持英镑对马克的汇率,因此在撤出欧洲汇率体系后,英镑再次贬值。

此后几年,英镑始终没能积极反弹。随着2008年金融危机的爆发,美元再度成为避风港,英镑兑美元一度跌破1.4。之后伴随着美国展开的三轮量化宽松政策致使美元走贬,英镑获得了难得的喘息之机,一度涨至1.7上方。

而后,随着2014年美联储缩减QE,步入加息周期,带动美元重新走强,英镑再度走贬。

对于当今的英镑,交易者要格外谨慎,虽然脱欧的事情最终尘埃落定,但脱欧带来的影响确是深远的。交易者在交易英镑的过程中,一定要结合当前英国的经济发展水平、疫情控制程度、社会稳定程度来综合判断,且不可草率行事。

2.4　瑞士法郎

瑞士是政治上的中立国,几乎总是零通胀,并且货币依托有40%的黄金储备,这使得瑞士法郎在20世纪一直是最稳定的货币,并在相当长的时间内被视为避风港货币。2008年国际金融危机爆发后,瑞士法郎升值加速,时至2011年瑞士法郎兑美元汇率几乎与欧元持平。

2011年9月6日，为防止瑞士法郎继续走强影响出口的竞争力，瑞士央行把瑞士法郎汇率与欧元捆绑，确定欧元兑瑞士法郎（EURCHF）汇率下限为1.20，并发出强烈信号，将不受限制地购入外汇，以确保欧元兑瑞士法郎（EURCHF）稳定在最低汇率水平之上。

彼时，瑞士法郎过度升值已严重影响到瑞士经济的发展，并存在严重通货紧缩风险。瑞士央行称将努力推动瑞士法郎明显并持续地贬值。正如前面几次历史中我们所看到的，脱离市场自然规律的"强行"绑定关系并不持久。

此后的几年，市场多次尝试挑战1.20的"下限"，但瑞士央行一直坚持这一承诺。到了2014年，欧元兑其他主要货币贬值，欧洲央行预计推出量化宽松政策，使欧元进一步贬值。对于瑞士而言，它并不希望瑞士法郎相对于欧元大幅升值，瑞士央行也不愿增发货币增加已经过多的外汇储备和恶性通胀的风险。

直到2015年，瑞士央行突然取消欧元兑瑞士法郎（EURCHF）的汇率下限，瑞士法郎相对涨幅瞬间达到30%。瑞士法郎汇率飙升速度太快，市场流动性极度缺乏，诸多交易商及交易者均无法执行交易，导致参与者出现巨大亏损。

瑞士国家银行是瑞士的中央银行，负责制定该国的货币政策和发行瑞士法郎。瑞士央行在巴塞尔、日内瓦和苏黎世设有办事处，并于1907年6月20日正式开业。与许多国家银行不同，瑞士央行可以向私人发行股票。

2017年，个人股东持有该行23.6%的股份。各州和国有银行持有大约55%的股份。其余股票在瑞士证券交易所交易，代码为SNBN。在美国，该股票在场外交易市场交易。

瑞士央行不但像其他央行那样监管资金流动、发行货币、调节资本价格，还扮演着主权财富基金管理者的角色，买卖债券、外汇，投资股票和地产。

瑞士央行从2010年第三季度开始投资股票，据其披露的财务数据显示，截至2018年第二季度末，它已经买入了苹果、谷歌、微软、亚马逊、Facebook等美国前五大科技公司和几乎所有美国药厂的股票。彼时，瑞士央行总计持有总价值超过875亿美元的美股，约占其外汇总资产的10%。

瑞士央行购买股票的目的不在于赚钱，大规模涉及外汇的交易在于调控汇率。瑞士法郎升值，也意味着瑞士法郎负债价值增加，同时也会导致瑞士企业出口竞争力降低。长此以往，无论是瑞士企业还是公民都很难忍受。而买入美股是外汇交易的一个间接方式，瑞士央行向汇率市场抛售瑞士法郎兑换美元，从而达到调贬瑞士法郎的目的。

据瑞士央行公布的2018年部分财务数据显示，瑞士法郎兑其他货币汇率普遍走强，加之美股乃至全球股市普遍下跌，导致其所持有的外国股票和债券的价值缩水，2018年瑞士央行巨亏150亿瑞士法郎。与此同时，瑞士央行的黄金持仓浮亏3亿瑞士法郎，与2017年瑞士央行公布净利润超过500亿瑞士法郎相比，剧烈波动、天差地别。

瑞士央行2017年财报显示，欧元和美元是其外汇交易的主要币种，合计占瑞士央行外汇交易篮子的77%。

2.5 澳　　元

澳元有着先后跟英镑、美元挂钩的历史。1966年2月14日，澳大利亚发行了

现行流通的货币"澳大利亚元"，以取代先前流通的旧币"澳大利亚镑"，并规定
1澳元等于1.12美元，可兑换0.5个澳镑。

1972年6月23日，随着英镑区的解体，澳元因此享受的优惠也宣告结束。澳
大利亚推行十进制之时，货币亦同时改作十进制。由于当时1美元的价值大概
等于半英镑，所以新的十进制通货改为与美元联动。

1974年9月25日，澳大利亚重新实施有效汇率制，且澳元不再盯住美元，改
为与澳大利亚主要贸易伙伴国20种货币一揽子加权货币联系，并实行管理浮动
汇率制度。1983年12月12日，澳大利亚取消了澳元盯住一揽子贸易加权货币的有
效管理浮动汇率，而实行自由浮动，澳大利亚也因此取消了所有外汇管制。现澳
大利亚元已成为国际金融市场重要的硬通货和投资工具之一。

澳大利亚对国际贸易依赖较大，前五大主要贸易伙伴依次为中国、日本、美
国、韩国、印度。前五大出口商品为铁矿石、煤、教育与旅行服务、黄金、原油。澳
大利亚作为出口国的代表，由于较长时间实行高利率、货币汇率与某些商品同向
变动的货币政策，澳元成为典型的商品货币。

基于此，2004年黄金、石油的价格大涨，一路推升了澳元，2016年，国际商品
期货指数一路攀升，黄金、原油价格大涨，澳元也随之上涨。

中国占全球GDP的比重将近1/5，也是澳大利亚第一大贸易伙伴，因此，中国
经济对澳元的走势影响非常大。2020年1月以来，澳元跌幅更是屡创新高，原因
是市场对于疫情持续时间的不确定，以及对中国经济增长的担忧。中国经济强劲
反弹后，澳元汇率也得到了有效支撑。

2.6 日　　元

日本银行是日本的中央银行, 在日本经常被简称为日银。根据日本银行法, 日本银行属于法人, 类似于股份公司。资本金为1亿日元, 其中5 500万日元由日本政府出资。相当于股票的"出资证券"已在日本上市。与一般股票不同的是, 股东所持股票没有决议权, 分红也限制在"5%"以内。

1973年布雷顿森林体系解体以后, 全球货币走向自由浮动汇率时代。一国货币的国际地位被认为是影响跨国银行竞争力的重要因素。日元汇率受日本经济高增长、外贸联系增多、汇率体制改革以及美国政府施压等多重因素影响, 进入持续升值的轨道。

进入20世纪八十年代, 日元优势明显, 尤其是1985年日元大幅升值后, 日本银行的资本账面值大幅增加, 国际评级提高, 使得银行可以非常低的成本获得资金, 海外资产迅速扩张。在金融自由化的背景下, 日本银行逐渐放松管制, 如放宽了银行参与外汇交易业务、海外机构向境内客户提供欧洲日元贷款等限制, 国际业务大量增加。

日本作为外向型经济的代表, 日元大幅升值导致出口行业在1986年初受到了一定冲击, 经济出现短暂衰退, 被称为"日元升值萧条"。为了防止本币升值对全国经济增长带来不利影响, 日本央行制定了一系列宽松政策刺激经济增长, 然而, 效果并不明显。

1990年以后, 日本金融市场泡沫破裂, 股市和房地产市场崩溃, 经济一蹶不振,陷入了长达十年的衰退和通货紧缩之中,对银行经营发展产生了较大的负面影响。随后,美国不断施压,日本逐渐放松利率管制,实行利率自由化政策,国内利率与国际市场利率趋于一致,银行低成本资金优势消失。

日本银行资本充足率较低,股市泡沫破灭前还可以通过股市融资,泡沫破灭以后,银行不良资产增加,市值严重缩水,股市融资困难,只好通过发行次级债补足,资金成本增加,资产负债表扩张能力受限。

可以说,日本经济的爆发式增长与停滞很大程度受到央行对日元汇率政策的影响。1991年至2010年,这个阶段也被称为日本"失去的二十年"。1995年,日本GDP约是5.3万亿美元,人均约4.2万美元,二十年后,2015年,日本GDP约是4.1万亿美元,人均约3.2万美元,GDP相对1995年少了1万亿美元,人均相对1995年少了1万美元。

当然,也有评价称失去的二十年对日本的实际影响其实没那么大。虽然日本的GDP数字二十年来变化不大,但经济结构却更加健康、稳固,国民的生活品质也有所提高。

日元是外汇交易中比较活跃的币种,是外汇市场波动最大的货币之一。由于日本经济主要依赖于出口,特别是近十年经济衰退,出口成为国内经济增长的救命稻草,日元的汇率就变得更加敏感、更加重要,在日元汇率过高的时候,日本政府会以口头或直接进场的方式干预汇市价格。

日元也是一种重要的避险货币。2020年第一季度,美股暴跌后,各国央行联合推出宽松的货币政策作为应对,但交易者对宽松政策的规模与有效性持怀疑态度。日元一度成为比美元涨幅更明显的避险货币。

2.7 加 元

加拿大以贸易立国,而美国就是其第一大贸易伙伴,从一定程度上来讲,加拿大的经济极度依赖美国,例如石油行业。另外,美国还是加拿大的重要投资来源国,加拿大经济的很多方面都和美国有很强的相关性,比如加拿大农牧业发达,是世界第四大粮食出口国等。

起初,加拿大对美国的"提携"非常满足,经济发展也很顺利,但长此以往,经济过度依赖美国,便埋下了新的隐患。尤其是2008年美国爆发的次贷危机,经济衰退迅速波及加拿大,加拿大也出现了经济大衰退,失业率上升明显。

因此,分析加元的汇率变化与走势,不仅要考虑加拿大的情况,还要对美国经济的好坏做出判断和预测。此外,国际原油价格的波动对加元具有重要影响,加元也因此被认为是一种"商品货币"。

2.8 人民币

以名义GDP和购买力平价计算,中国是世界第二大经济体。

中国的制造厂商将商品卖给美国消费者,央行将所得的美元通过中介银行兑换成人民币。如果出口大于从美国的进口,这就会出现一个现象——央行美元盈余、人民币短缺。

人民币要想真正做到国际化,就需要建立一种稳定的制度,获得国际交易者、投资者的信任。第一步是鼓励或说服各国央行持有人民币储蓄;第二步是让人民币遵循国际市场行为准则,其中就包括实行浮动汇率制等。当然,汇率制度也需要结合多维度的战略考量。

当然,货币政策受多方政策的影响,往往牵一发而动全身,必须通盘考虑,不可贸然行事。比如,短期内大幅减持美国国债,可能扰乱美元和其他货币秩序,也会对人民币造成一定的影响。只有做好万全准备,才能在激烈的"货币战争"中拔得头筹。

第 3 章

外汇基本面分析

外汇基本面分析是非常典型的市场分析，通常基于对宏观基本因素的状况、外界的变化及对汇率走势造成的影响进行分析和研究，然后得出货币间供求关系的变化，继而推测汇率的变动及走势。

由基本面分析判断汇率长期走势是相对比较可靠的，也具有一定的前瞻性。

3.1 美 联 储

美国联邦储备系统，简称为美联储，负责履行美国中央银行的职责。这个系统是根据《联邦储备法》于1913年12月23日成立的。美联储的核心管理机构是美国联邦储备委员会。

联邦储备系统由位于华盛顿特区的联邦储备委员会和12家分布于全国主要城市的地区性的联邦储备银行组成。作为美国的中央银行，美联储从美国国会获得权力，行使制定货币政策和对美国金融机构进行监管等职责。

3.1.1 美联储的职责

具体来说，美联储主要承担以下几个方面的职责：

（1）通过三种主要的手段（公开市场操作，调整再贴现率、规定银行准备金比率）来实现相关货币政策，美联储基本未出现直接买卖的干预方式；

（2）监督、指导各个联邦储备银行的活动；

（3）监管美国本土的银行，以及成员银行在海外的活动和外国银行在美国的活动；

（4）其他的职能还包括任命美联储人选、发布经济报告等。

美联储跟市场沟通的方式还包括决议声明的发布、会后的发布会、公布投票的点阵图、做经济预测报告、发布会议纪要，以及发布褐皮书（美国联邦储备委员会每年发布八次的美国经济展望调查报告，该报告包含12地区美国联邦储备委员会分行所提出的地区经济情况摘要与全国经济情况摘要,该报告是美联储货币政策决策例会的重要参考资料)。

3.1.2　鸽派、鹰派之争

鸽派和鹰派之争由来已久。从字面上不难看出,鸽派相对比较温和,而鹰派则具有比较强的攻击性,较为激进。

从市场上来说,美联储的鹰派主要偏向于美联储尽快收紧货币政策,而美联储鸽派则倾向于宽松的货币政策,或是较晚加息。

具体到经济政策上来理解,鹰派和鸽派,是指美联储联邦公开市场委员会委员们在控制通胀和刺激就业这对矛盾体上的倾向。控制通胀和刺激就业是美联储的两大核心任务,要控制通胀,高利率下偏紧的货币政策是十分必要的,但是要刺激就业,通常更倾向于低利率下偏松的货币政策。在刺激就业的同时又想控制通胀,很大程度上类似于既要马儿不吃草又要马儿跑得快的状况。

在对经济的影响上,由于鸽派采取的是相对宽松的政策,强化刺激就业,这在一定程度上会使美元的汇率受到一定打压;反之,由于鹰派采取相对激进的政策,短期内会在一定程度上拉升美元兑其他货币的汇率。

值得注意的是,鹰派和鸽派的政策倾向在一定程度上并不是永久固定的,而是随着经济形势的变化,进行相应调整。

3.1.3　外部大环境下美联储的新政策

特殊时期美联储会推出新的操作工具,2020年在全球疫情下,美股暴跌。美联储推出了多项新的政策,具体包括以下内容。

(1)FIMA Repo Facility。2020年3月31日,美联储宣布推出临时回购协议工具（FIMA Repo Facility），主要针对的对象是外国央行，并于2020年4月6日开始实行，持续至少6个月。FIMA Repo Facility账户持有人（在纽约联邦储备银行开户）可以与美联储订立回购协议，暂时将其持有的美国国债兑换为美元，然后将美元提供给其辖区内的机构使用，以此来缓解离岸美元流动性紧张的问题。

（2）降低补充杠杆比率。4月1日，美联储宣布临时修改其补充杠杆比率规则。这一规则适用于资产总额超过2 500亿美元的金融机构，在修改之前，该规则要求这些机构的最低杠杆比率为3%。

本次主要修改了补充杠杆比率规则的计算方法，将银行持有的美国国债和存款从分母中剔除，更改将一直持续到2021年3月31日。此前由于监管的原因，限制了金融系统向家庭和企业提供信贷的能力，本次放松监管可以疏通银行资金向家庭和企业传导的渠道，从而有利于缓解目前企业债务的压力，保证银行更好地支持实体经济。

（3）工资保障计划货款。4月6日，美联储在其官网上预告了将为小企业管理局（SBA）的薪资保护计划（PPP）设立一个流动性便利；4月9日，美联储正式公布了这一计划，全称为工资保障计划贷款，规模约为3 500亿美元。

PPP计划是由美国小企业管理局所推出的一项计划，主要是向小企业（员工少于500人）提供贷款，保证小企业工人工资的正常发放。

美联储的工资保障计划货款，就是向小企业管理局提供资金，再由小企业管理局将资金提供给企业，并用于发放工人的工资。这个政策主要是为了缓解当时小企业的财务压力，保证工人工资的正常发放，改善就业环境，确保不出现大规模的失业潮。

（4）其他一些政策。4月9日，美联储公布了新一轮2.3万亿美元的刺激政策,除工资保障计划贷款之外,还包括:推出主街贷款计划,包括"主街"新贷款(Main Street New Loan Facility, MSNLF)和"主街"扩大贷款便利(Main Street Expanded Loan Facility, MSELF),该项目主要向小企业提供贷款,小企业想要获得贷款,需要在保证员工雇佣、限制高官薪酬、回购和分红上满足一定要求。

该项目的规模6 000亿美元,其中财政部出资750亿美元;将信用债购买项目PMCCF、SMCCF以及TALF规模扩大至8 500亿美元(PMCCF 5 000亿美元,SMCCF 2 500亿美元,TALF 1 000亿美元),并将SMCCF中的购买对象从Investment Grade扩大至High Yield,PMCCF以及SMCCF中的购买对象的评级下降至BBB-;新设地方政府流动性便利(Municipal Liquidity Facility, MLF),美联储将买入剩余期限2年以下的新发地方政府债券,规模为5 000亿美元,其中财务部出资350亿美元。

以上所有的政策,主要目的是在当时缓解离岸美元的流动性紧张,与之前美联储的掉期操作效果基本上是一样的,只是比掉期操作的适用范围更广,实际上相当于为财政政策买单。在为财政买单的同时又在最大程度上保持了中央银行的独立性。

3.1.4　政策局限性

美联储的政策虽然对外汇市场的走向有很大的影响,但是不可否认的是,其具有一定的局限性,具体体现在以下三点。

(1)影响金融市场的因素有很多,美联储设定的利率只是其中的一种。比如影响金融市场非常重要的一个因素是交易者对未来经济形势的判断,即市场预期。美联储的利率政策如何影响市场预期,取决于交易者对政策的解读。而任何经济政策都可以有乐观和悲观两种解读，这带来了政策实施后的不确定性。

（2）美联储调节联邦基金利率后，长期利率和实体经济如何反应也存在不确定性。

（3）经济决策的数据依据往往存在滞后性，决策本身的效果也存在滞后性，这导致经济政策生效和退出的难度。

3.2　政治因素对外汇市场的影响

各外汇对的走势图往往反映出国际政治、经济格局的变化情况，每次突发事件都会在外汇市场上引起剧烈的波动，使得汇率涨跌史成为国际政治经济发展史的一个缩影。

在外汇交易中，要十分注意分析政治和新闻因素，只有认清它们的作用和规律，才能在外汇市场上立于不败之地。

影响外汇交易行情的政治因素包括政权的更替、选举、战争、重大政策调整、全民公投、汇率战等。

一般来讲，当某些政治事件即将发生时，由于其中所涉及的不确定性及事件的不明朗性，会导致该国外汇汇率走低。

政治和新闻事件发生之前，首先往往会出现一些传言，外汇市场对各种政治和新闻传言会做出相应的反应。如果传言确实可信，汇率会产生反应；当传言被证实时，市场可能不再反应。简而言之，"传言出现时买进，传言证实后卖出"。

由于政治因素的出现多带有突发性，来得快，去得猛，事前无征兆，难以预测，所以对走势的破坏力极大，造成外汇汇率短时间大起大落。因此，作为外汇交易者，不但要留意各国经济的变化，也必须经常了解、分析世界政治格局的变化及地区性热点问题的动态，对有关信息做出迅速的反应，否则很容易造成损失。

影响汇率走势的政治事件涵盖许多类型，有时这些事件低调地发生，未受到外汇市场的注意；有时这些事件带来了相当广泛的影响。

在此部分，我们将以近年影响汇率最大的几个政治因素——选举、全民公投、汇率战为例进行论述。

3.2.1　选　　举

美国大选是对外汇市场影响最为重大的选举事件。从历史的角度来看，美国大选年当年，美元指数基本上是走强的，主要是总统竞选人对未来出台刺激经济政策的承诺在一定程度上提升了经济复苏的预期。但随着大选结果尘埃落定，大选次年美元指数往往呈现出走弱的趋势。

从离我们最近的两次美国大选来看，影响不尽相同。

特朗普于2016年当选时，美元指数在两个月内飙升了5%，此后大幅下跌，直至2018年初开始缓慢上涨。特朗普自上任后奉行弱美元政策，在任四年期间，主要对美国企业海外利润汇回实施一次性低税率优惠、减税及削减部分领域开支政策。

2020年拜登当选后，截至2021年上半年，可以说美元指数呈现贬值的趋势。疫情对经济的负面影响及各项政策也将随着新总统上台而出现变化。

总的来说，选举"尘埃落定"的确定性使该国汇率短期上涨，而长期来看，汇率的走向取决于经济与政策导向。

3.2.2　全民公投

近年来，欧洲曾举行多次全民公投，其中几次也产生了全球性的影响。

2000年9月，丹麦就是否加入欧元区举行全民公投，这一事件在当时引起了外汇市场的震荡。欧元于投票前下跌，在结果出来之后继续走低。这种下跌令人担忧，以至于2000年9月底，全球各大央行（美联储、欧洲央行、日本央行、加拿大央行和英国央行）买入15亿欧元，以抑制欧元的疲势。

2016年，英国全民公投脱欧的结果令市场普遍大感意外，导致单个交易时段内，英镑对美元跌破自1992年黑色星期三以来的贬值纪录。

3.3　经济数据对外汇市场的影响

经济数据通常对外汇市场具有短期冲击力，一些重要的数据甚至会成为汇市的重磅炸弹，可以将走势搅得天翻地覆。当然，无论多么重要的数据，对于市场的影响也通常是短线的行为，但是这些数据却能够反映出一国经济基本面的好坏。

3.3.1　通货膨胀

各大主要央行的货币政策是引起外汇市场波动的最主要因素，而大多数货币政策受到通货膨胀的影响。

"无论何时何地，通货膨胀都是一种货币政策现象"，这是经济学货币运动先驱米尔顿·弗里德曼的著名论断。弗里德曼扩大并细化了另一位经济学教授欧文·费雪的早期成果。

费雪提出了"交易方程式"理念，称货币供应量（M）乘以货币流通速度（V）

等于物价水平（P）乘以社会总交易量或GDP（T）。

例如：如果货币供应量M每年增长10%，经济T每年增长3%，那么为了使等式平衡，物价水平P必须上涨。如果物价水平上涨，这会导致通货膨胀。因此，虽然近年来其他因素颇为重要，我们仍要继续关注主要央行的货币供应量数据。

当然，也有意外情况发生。

例如，在欧洲央行早年间，欧洲央行曾公布货币供应量（M）以极高的速度（比如7%～9%）整月上涨，但人们对于通货膨胀的担忧并未成真。这是因为薪酬水平被压低，比如在德国就是如此。物价水平（P）是指商品和服务的价格，它受到薪酬水平的影响较大。

美联储于2008年通过用现金买入美国国债来开始量化宽松政策。它将现金输送至银行，银行通常会将这些资金借出。但银行并未成功将资金借出，而是转身将它作为美联储的计息存款。

所以，虽然货币供应量（M）确实大幅上升了，但（V）或货币流通速度为零或负数，方程式真正的经济侧并未受到物价压力。许多分析师和评论家由于忽略货币流通速度而弄错了这一点。

3.3.2 GDP

GDP可以说是一个国家最重要的数据化指标，不难发现，交易者关注的指标都跟GDP有着直接的关联。

关于GDP的核算，曼昆的《经济学原理》给出过如下定义：

GDP（Y）=消费（C）+投资（I）+政府购买（G）+净出口（NX）。

GDP有三种方法进行核算：生产法、收入法和支出法，如表3-1所示。

表3-1　GDP的核算

计算方法	原　　理	计算公式
生产法	从划分产业的角度统计,分成第一、二、三产业,分别计算它们的增加值然后进行加总,然后从最终产品和中间投入两个方面扣除通胀因素。用生产法计算的 GDP,是指各部门在核算期内的增加值	GDP= 各部门的总产出 − 各部门的中间消耗
收入法	从各个生产要素的收入角度来计算 GDP	GDP= 劳动者报酬 + 生产税净额 + 固定资本消耗 + 营业盈余
支出法	加总全社会各类货物和服务的最终消费总额后再加上净出口	GDP= 最终消费 + 资本形成总额 + 净出口

从上述计算方法我们可以看到,消费、投资、政府购买、进出口、劳动者报酬等组成GDP的数据是交易者最关心的核心数据。

从对市场的影响力层面,第一类重要的经济数据为GDP与央行的货币政策。以美联储为例,FOMC定期发布的利率决议,以及决议公布后的新闻发布会都是在对市场释放重要信号。

3.3.3　非农数据

每个月第一周的周五晚上8点以后,大部分人刚结束了一周的工作,而对于外汇交易者来说,这正是美国开盘,迎来重要的"非农"经济数据发布的时候。

非农数据顾名思义,就是反映美国非农业人口就业状况的数据指标,公布非农数据的同时,一般会公布三个数值:非农就业人数(净值)、失业率及就业率。在这三个数值里面就业人数(净值)和失业率是更为重要的指标,就业率考虑得相对会少一些。

这三个数据每个月第一个周五北京时间夏令时(4月—10月)20:30发布,冬令时(11月—3月)21:30发布,数据来源于美国劳工部劳动统计局。

发布非农数据前,会预先发布一个ADP数据,这个数据被称为"小非农"。一般情况下，ADP数据是在每个月的第一个周三北京时间20:15（夏令时）公布，冬令时是在北京时间21:15。

ADP数据之所以被称为小非农，是因为这个数据仅包括私营部门的就业数据，不包括政府部门就业数据，数据来源于对50万个私营单位的调查，涵盖近3 500万美国员工。当然，它能够在一定程度上反映美国数据，对非农数据也有一定的预示作用。

非农数据反映了制造行业和服务行业的发展及其增长情况。数字减少便代表企业降低生产，经济步入萧条。当经济增长较快时，消费自然随之增加，消费性及服务性行业的职位也就增多。

当非农业就业人数数字大幅增加时，表明了一个健康的经济状况，理论上对汇率应当有利，可能预示着更高的利率，而潜在的高利率促使外汇市场更多地推动该国货币升值，反之亦然。

非农数据是美联储制定货币政策的关键数据之一。美联储有两大核心任务：控制通胀和刺激就业。所以，在制定货币政策时，非农数据必然是需要考虑的关键数据之一，一般非农数据公布后，鸽派和（或）鹰派人士都会针对这个数据发表一些讲话。

交易者每次考虑市场变动的时候不能单看某一个数值，而是要全面考虑预期值和实际公布值，根据实际公布值跟预期值的差距来看市场的反应。

在做交易的时候，有些交易者喜欢在数据公布的时间段下单，这里需要注意滑点的问题。由于市场大幅波动，交易者预计下单的位置和真正成交的位置会有价差。

手动单平均滑点为正负两个点，挂单平均滑点为正负10～20个点，止盈止损订单方面，滑点为正负10个点。还有个别交易商可能出现与服务器断连的情况，这都是应该考虑在交易成本和交易风险当中的因素。

3.3.4 各国关键经济数据发布时间与解读

除了非农数据这种关键性数据，大多数国家，都有本国的关键性经济数据，各个国家经济数据的解读与公布时间也有所不同，交易者要想对所交易的货币有更多的了解，就必须掌握该国关键经济数据的情况。

在实际市场操作中，对基本经济因素的分析，都是通过收集、整理和分析各国反映经济发展各个方面的经济数据（经济数字）来进行的。

1. 美国经济数据

由于绝大多数的外汇交易都是以美元为中心的交易，美元在外汇市场具有非常核心的地位。因此，美国的经济数据在汇市中最为引人注目，美联储利率决议、主席新闻发布会及会议纪要的发布等更是交易者关注的重中之重。美元和非美货币都是相对立的关系，一般来说，利好美元也就意味着利空非美货币。

美联储利率决议由公开市场委员会（FOMC）决定，并将公之于众以引导市场。美联储增加、降低或维持基准利率不变，都有可能显著影响外汇市场。

公布利率决议结果之后，美联储还将对货币政策发表一番声明。根据声明，交易者可以了解美联储对美国经济前景的看法，进而判断美联储未来的政策动向。

若美联储声明趋于温和，将激发市场对美联储进一步推行宽松政策的预期，打压美元；相应地，若美联储声明趋于强硬，则会抑制市场对美联储进一步推行宽松政策的预期,支撑美元上涨。因此,美联储的声明与利率决议几乎同样重要,如表3-2所示。

表3-2　美联储利率决议、主席新闻发布会及会议纪要的发布规则

发布内容	发布时间
议息会议	美联储每年召开 8 次议息会议,会议间隔大约 6 周的时间
经济预期和点阵图	每个季度最后一个月随利率决议一起公布经济预期和点阵图
美联储主席新闻发布会	美联储主席新闻发布会时间为利率决议公布后半小时
会议纪要	会议纪要公布时间有时令区别,夏令时为 02:00,冬令时为 03:00
美联储经济褐皮书	美联储经济褐皮书的公布时间一般为利率决议前的两周,有时令区别,夏令时为 02:00,冬令时为 03:00

除了美联储利率决议,其他美国数据也非常重要,需要外汇交易者密切关注,具体总结情况如表3-3所示。

表3-3　美国重要经济数据

美国数据	数据解读	公布时间（北京时间）	大致日期	公布部门	排位
国内生产总值（GDP）	是指某一国在一定时期其境内生产的全部最终产品和服务的总值。主要由消费、私人投资、政府支出、净出口额四部分组成。数据稳定增长,表明经济蓬勃发展,国民收入增加,利多美元;反之则利空。一般情况下,如果 GDP 连续两个季度下降,则被视为衰退。数据分为初值、修正值、终值	21:30	每季度月底	商务部	第一类
工业生产总值	指某国工业生产部门在一定时间内生产的全部工业产品的总价值。在国内生产总值中占有很大比重。由于工业部门雇用了大量工人,其变动对整个国民经济有着重大影响,与汇率呈正相关。尤其以制造业为代表	21:15 或 22:15	每月 15 日	美联储	第二类

美国数据	数据解读	公布时间（北京时间）	大致日期	公布部门	排位
失业率与非农就业人口	经济发展的晴雨表，与经济周期密切相关。数据上升说明经济发展受阻，反之则看好。对于大多数西方国家来说，失业率在 4% 左右为正常水平，但如果超过 9%，则说明经济处于衰退阶段	20:30 或 21:30:00	每月第一个周五	劳工部	第二类
贸易赤字	国际间的贸易是构成经济活动的重要环节。当一国出口大于进口时称为贸易顺差；反之，称成贸易逆差。美国的贸易数据一直处于逆差状态，重点是在赤字的扩大或缩小上。赤字扩大不利于美元，反之则有利	21:30	月中或接近月底	商务部	第三类
利率	利率是借出资金的回报或使用资金的代价。一国利率的高低对货币汇率有着直接影响。高利率的货币由于回报率较高，则需求上升，汇率升值；反之，则贬值。美国的联邦基金利率由美联储的会议来决定	按发布规则	按发布规则	美联储	第一类
生产物价指数（PPI）	主要衡量各种商品在不同生产阶段的价格变化的情形。数据上升说明生产旺盛、通胀有上升的可能，联储倾向于提高利率，有利于美元；反之，则不利于美元	21:30	每月第二个周五	劳工部	第二类
消费物价指数（CPI）	以与居民生活有关的产品及劳务价格统计出来的物价变动指针，是讨论通胀时最主要的数据。数据上升，则通胀可能上升，美联储趋于调高利率，对美元有利；反之，则不利于美元。但是，通胀应保持在一定的幅度里，太高（恶性通胀）或太低（通缩），都不利于汇率	21:30:00 或 23:00	每月 20 日至 25 日	劳工部	第二类
采购经理人指数（PMI）	是衡量制造业的重要指标。考察制造业在生产、新订单、商品价格、存货、雇员、订单交货、新出口订单和进口等方面的状况。数据以 50 为强弱分界点，在以上表示制造业向好，对货币有利；反之则意味着衰退，对货币不利	23:00	月初	供应管理协会	第二类
耐用品订单	所谓耐用品是指不易耗损的财物，如汽车、飞机等重工业产品和制造业资本财。其他诸如电器用品等也是。耐久财订单代表未来一个月内制造商生产情形的好坏，数据与货币汇率呈正相关，但需要注意其国防订单所占的比重	21:30 或 23:30	每月 22 日至 25 日	商务部	第三类

美国数据	数据解读	公布时间（北京时间）	大致日期	公布部门	排 位
房屋开工率	一般新屋兴建分为两种，个别住屋与群体住屋。新屋开工率与建筑许可的增加，理论上对于美元来说，偏向利多，不过仍需合并其他经济数据一同进行考量	按发布规则	每月16日至19日	商务部	第三类
核心零售销售月率	美国本月核心零售销售指数是用于衡量消费者在零售市场的消费金额变化，核心零售销售为剔除汽车、食品和能源的零售数据统计得出。零售额的提升，代表个人消费支出的增加，经济情况好转，如果预期利率升高，对美元有利；反之如果零售额下降，则代表景气趋缓或不佳，利率可能调降，对美元偏向利空	21:30	月中	商务部	第二类
密歇根消费者信心指数	密歇根消费者信心指数，是美国密歇根大学的调查研究中心为了研究消费需求对经济周期的影响，首先编制的消费者信心指数，随后欧洲一些国家也开始建立和编制消费者信心指数。密歇根消费者信心指数是美国密歇根大学研究人员对消费者关于个人财务状况和国家经济状况的看法进行的定期调查和相应评估	23:00	月底	咨询商会	第二类
新屋出售和开工率、营建	美国新屋开工总数和营建许可总数提供了美国每月新开工的私人住宅信息以及在建造许可证发放处登记的已获批准的新建私人住宅数据。通常状况下房地产建筑业往往会对诸多经济产业产生重要影响。比如住宅建造的繁荣会增加对钢铁、木材、电力、布线、混凝土、玻璃、塑料等的需求，同时也会增加对建筑工人的需求。新屋开工和建筑许可证发放是房地产建筑商的核心评价指标	21:30 或 23：00	月中或者接近月底	商务部	第三类

2.其他国家经济数据

在各国的经济数据中，美国的经济数据最为重要，各个非美元货币都会对美国的数据做出明显的反应。但其他国家重要的经济数据也不容忽视，尤其是表3-4当中的经济数据，更是需要交易者留心关注。

表3-4 其他国家或者地区重要经济数据

国家或地区	重要的经济数据
日本	GDP、失业率、出口贸易、零售销售、工业制造
欧元区	GDP、失业率、通胀率、IFO、采购经理人指数、工业订单、出口贸易
英国	GDP、失业率、零售销售、工业制造
澳大利亚	GDP、失业率、出口贸易、商业信心
加拿大	GDP、失业率、出口贸易、零售销售
瑞士	GDP、失业率、出口贸易

3.3.5 根据经济数据，制定交易策略

在解读经济数据时，重要的不是看数据的绝对值，而是数据的相对变化幅度，外汇交易者通常要关注到预期值、前值和实际值的问题。

欧美有很多机构从事预测工作，在数据公布前，他们会发布对此项数据的预期值，当预期值好于前值时，常常会吸引投机者据此短线买进某种货币，而当预期值坏于前值时，短期的悲观气氛亦可能笼罩市场。

当实际值公布时，市场往往处于比较敏感的时刻，这时交易会非常频繁，汇价的波动也可能非常剧烈。

如果实际值好于前值和预期值，那么通常代表利好，反之则代表利空，如果与前值和预期值相差不大，往往只会引起一般的波动，实际值与前值和预期值的差距越大，那么利好或利空的能量便越大，市场的波动便会越剧烈。

对于外汇交易者而言，根据经济数据的发布，做好相应的交易策略尤为必要。根据多年外汇交易的经验总结，针对经济数据的发布，通常采用下列几种交易策略：

（1）在消息公布前按原计划做单，设好止损；

（2）在消息公布前平仓，等待消息后重新建立交易策略；

（3）按消息预期同向做一单，设止盈与止损，盈亏比至少大于1，用小亏博大盈；

（4）要根据数据影响的大小在出了数据之后做单，根据消息的实际情况做回调或者趁回调跟势，结合布林线跟RSI操作；

（5）根据宏观基本面布局长线交易；

（6）使用外汇衍生品针对事件进行交易。

3.4 指数指标对外汇市场的影响——以美元指数为例

不仅经济指标会对外汇市场产生影响，重要指数的走势也可能左右市场情绪，间接对外汇市场产生影响，下面将以美元指数为例进行介绍。

美元指数显示的是美元的综合值，是美元与六种国际主要外汇的汇率通过平均后得出来的。美元指数出自纽约棉花交易所，使用的外币和权重与美国联邦储备局的美元交易加权指数是统一的。

由于美元指数只是以外汇报价指标作为基础，所以，使用不同的数据来源，分析结果可能会有所不同。

美元指数是参照1973年3月六种货币对美元汇率变化的几何平均加权值来计算的，美元指数通常以100为基准衡量其价值，105.50的报价，指的就是从1973年3月以来，其价值上升了5.5%，当前的美元指数水准反映了美元相对于1973年基准点的平均值。

这一变化特性，使得美元指数被广泛地用于与期货、股票指数进行比较，无论在数量上还是变化率上，都有很强的比较价值。

如果美元指数的走势强劲,买入美元兑非美货币就会有更大的收益,那么非美货币的价格就可能相对下跌;相反,在美元指数处于弱势的时候,卖出美元兑非美货币就会有更大的收益,那么非美货币的价格就可能相对上涨。

如2007年至2008年3月份的黄金大牛市,一个很重要的原因就是美元贬值,美元作为保值增值的吸引力下降,市场资金转向外汇市场,进而推动金价上扬。

第 4 章

机构交易员技术分析利器

外汇技术分析是指根据外汇市场汇率走势的过去表现，借助技术分析工具预测汇率的未来趋势并确定入市、出市策略的预测分析方法，与基本面分析有比较大的不同。

4.1 K 线 图

K线图也称蜡烛图,包含了四个数据,即开盘价、最高价、最低价、收盘价,所有的K线都是围绕这四个数据展开的,反映了大势的状况和价格信息。如果把每日的K线图放在一张纸上,就能得到日K线图,同样也可画出周K线图、月K线图等。

4.1.1 如何看K线及K线图

K线理论发源于日本,是最古老的技术分析方法,1750年日本人就开始利用阴阳烛来分析大米期货。K线具有东方人所擅长的形象思维特点,没有西方用演绎法得出的技术指标那样量化,因此,在运用上还是主观意识占上风。

面对形形色色的K线组合,初学者或许会感到有些为难。其实,浓缩就是精华,就像武术把招式从复杂化为简单后一招制敌一样,我也把繁杂的K线分析归纳为简单的三招,即一看阴阳,二看实体大小,三看影线长短。

1. 阴阳

阴阳代表趋势方向,阳线表示将继续上涨,阴线表示将继续下跌。以阳线为例,在经过一段时间的多空搏杀后,收盘高于开盘表明多头占据上风。

在"交易宇宙"中,根据牛顿力学定理,没有外力作用下价格仍将按原有方向与速度运行,因此,阳线预示下一阶段仍将继续上涨,最起码能保证下一阶段初期能惯性上冲。因此,阳线往往预示着继续上涨,这一点也极为符合技术分析中三大假设之一的股价沿趋势波动假设,这种顺势而为的理念也是技术分析最核心的思想。同理,阴线为完全反方向,继续下跌。

2. 实体大小

实体大小代表内在动力,实体越大,上涨或下跌的趋势越明显,反之趋势则不明显。以阳线为例,其实体就是收盘高于开盘的那部分,阳线实体越大说明上涨的动力越足,就如物理学原理中质量越大与速度越快的物体,其惯性冲力也越大,阳线实体越大代表其内在上涨动力也越大,其上涨的动力将大于实体小的阳线。

同理可得,阴线实体越大,下跌动力也越足。

3. 影线长短

影线代表转折信号,向一个方向的影线越长,越不利于股价向这个方向变动,即上影线越长,越不利于股价上涨,下影线越长,越不利于股价下跌。

以上影线为例,在经过一段时间多空斗争之后,多头终于败下阵来。无论K线是阴还是阳,上影线部分已构成下一阶段的向上阻力,股价向下调整的概率偏大。

同理可得,下影线预示着股价向上的概率更大。

4.1.2 K线图的意义与分类

根据K线的计算周期可将其分为日K线、周K线、月K线、年K线。

日K线是根据汇价一天的走势形成的四个价位——开盘价、收盘价、最高价、最低价绘制而成的。

当收盘价高于开盘价时,则开盘价在下收盘价在上,二者之间的长方柱用绿色或空心绘出,称之为阳线;其上影线的最高点为最高价,下影线的最低点为最低价。

当收盘价低于开盘价时,则开盘价在上、收盘价在下,二者之间的长方柱用红色或实心绘出,称之为阴线,其上影线的最高点为最高价,下影线的最低点为最低价。

交易者需要注意的是:在外汇市场中,K线的默认模式是阳线为绿色,阴线为红色,这一设置与我国股市中的惯例是相反的。

周K线是指以周一的开盘价,周五的收盘价,全周最高价和全周最低价来画的K线图。

月K线则以一个月的第一个交易日的开盘价,最后一个交易日的收盘价和全月最高价与全月最低价来画的K线图,同理可以得出年K线的定义。

周K线、月K线常用于判断中期行情。对于短线操作者来说,众多分析软件提供的5分钟K线、15分钟K线、30分钟K线和1小时K线也具有十分重要的参考价值。

与趋势线一样,K线也是未经数学公式处理的技术指标。因此,不具有滞后性。如果使用正确,它们就是第一时间反映市场行为的指标。一些交易者运用"裸K"就能很好地做出交易分析。

4.1.3　K线组合

K线组合有上百种,交易者将每种K线组合都背诵下来没有太大的意义。下面我们将列举几种最有用且最常见的K线组合,正确识别、运用这些组合,将会极大提升交易判断的准确性。

1. 十字星线

十字星线是一种只有上下影线,没有实体的K线图。十字星线是最重要的K线图形之一,十字星的出现是由于这根K线所代表的时间段内开启和结束的价位相当,意味着多空双方势力均衡。

交易者不应该在十字星时采取行动,而是需要等待下一个区间K线图的指引。经历了长期的上涨之后,十字星的出现可能是趋势已经见顶或者将要见顶的征兆,处于下降趋势时正好相反。

欧元兑美元(EURUSD)日线图上,2019年6月26日开始的三个交易日都形成了十字星线,此后开启了一波长达三个月的跌势。在6月26日开始的第三个交易日,交易者基本可以确认跌势,入场做空,如图4-1所示。

图4-1 确认跌势

由此,交易者并非应在十字星形态一出现就要立即入场,还应等待后市发出明确的入场信号。

在评估十字星时,需要注意十字星的出现时间。在此案例中,欧元兑美元(EURUSD)在出现十字星线之前有1个月的上涨趋势,上涨幅度近300点,而这波上涨其实是中长期下跌趋势的反弹。

因此,如果价格依然处于上涨趋势或者下降趋势的早期阶段,那么十字星可能不是顶部出现的预兆,但可能预示着当前趋势暂缓。运用日线图的裸K进行交易,止损位一般要给足空间,仓位相对要小,毕竟等待着交易者的是中期趋势。

2. 锤形线

锤形线特征是K线的实体特别小,上影线非常短甚至没有,下影线的长度比实体的长度长。倒锤形形态也是类似,实体特别小,下影线非常短甚至没有,上影线的长度比实体的长度长。我们都把它归在锤形形态的类别里,如图4-2所示。

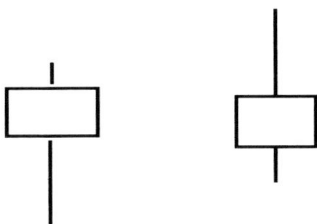

图4-2　锤线形态

稍加思索即可知道它为何代表市场缺乏方向性:遇到一波急涨,但无法让价格在高位收盘;遇到一波急跌后,无法让价格在低位收盘。

若出现一系列十字星或锤形线,而且其收盘价相差不远,这是一种危险信号——说明市场正在区间内震荡交易,寻求突破。

锤形线下影线较长,意味着开盘后价格走低,之后反弹至开盘价附近,但收盘时仍低于开盘价。这意味着,若前市已经出现一系列下跌的K线图,那么它是一种整理形态。若前市已经出现一系列上涨的K线图,且后市看跌,那么它释放了涨势可能终结的信号。可以说,锤形线并不是真正的独立形态,交易者往往需要先找到它,随后,还需要观察它之前的走势。

如果锤形线处在上升趋势中,则预示着有可能形成短期头部。锤形线处在下降趋势中,则预示着有可能形成短期底部。

锤形形态,一侧影线越长,另一侧影线越短、实体越小,那么这根K线越有意义。

2020年3月20日,英镑兑美元(GBPUSD)的日线图上,形成锤形线形态。在经历长期的下跌之后形成的锤形线,就是一个有力的反转信号。在锤形线出现的当天,市场一开盘先是很强的卖盘,随后市场逐渐恢复,并以与开盘价相近的价格收盘,甚至高于开盘价。

仅6个交易日,英镑兑美元(GBPUSD)涨幅达到1 000点,如图4-3所示。锤形线出现后的第二、三个交易日,交易者便可寻找机会入场,并将合理止损位设在锤形线的下影线下方。

图4-3 锤形形态

3. 吞没形态

吞没形态中前后两根K线的颜色必须是相反的,后一根K线的实体务必要包含前一根K线的实体。

一般来说,吞没形态中两根K线的第二根K线实体非常长,K线图实体越大,意味着该时段内的交易行为越多。

看涨吞没形态第二根K线的开盘价低于前一日K线实体的底部,而收盘价高于前一日K线的实体,说明第二日交易量大,且结尾利好。

看跌吞没形态第二根K线的开盘价高于前一日K线实体的顶部,但之后丢盔弃甲,且收盘价低于前一日K线实体。相对较大的实体"吞没"了前一时段的K线实体,意味着强劲的市场情绪,如图4-4所示。

看涨吞没形态和看跌吞没形态常常能在外汇价格图表中见到,而且大部分时候都较为可靠。

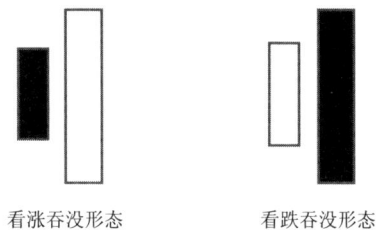

看涨吞没形态　　　　　看跌吞没形态

图4-4　吞没形态

看涨吞没形态通常出现在长期下降趋势之后,在看涨吞没形态出现的当天,一开盘价格通常是下跌的;但是之后大量买盘涌入,导致市场反转。

看涨吞没形态之所以如此命名,是因为当前的开盘收盘区间吞没了前一个交易日的开盘收盘区间,代表着多空的反转。之前市场空头占上风,但是现在市场的买入力量大于卖出力量。在市场的底部,一开始这可能只是由于空头平仓而导致的,但最终将成为促使买盘涌现的催化剂。

看跌吞没形态通常出现在长期上涨趋势之后,在看跌吞没形态出现的当天,一开盘价格通常是上涨的;但是之后大量卖盘涌入,导致市场反转。

看跌吞没形态之所以如此命名,是因为当前的开盘收盘区间吞没了前一个交易日的开盘收盘区间,代表着多空的反转。之前市场多头占上风,但是现在市场的卖出力量大于买入力量。在市场的顶部,一开始这可能只是由于多头平仓而导致的,但最终将成为促使卖盘涌现的催化剂。

在分析看涨吞没形态和看跌吞没形态的时候,一定要注意K线实体的大小。实体越大,行情反转的可能性越大。如果一个看涨吞没形态K线吞没了前几个交易日的K线,那说明市场反转的力量非常强大。看跌吞没形态也是如此。

4.1.4 K线使用

K线图在使用过程中,还有一些进阶的原则需要掌握,具体情况如下:

(1)K线图作为分析市场的工具,需要结合市场已知趋势/震荡使用;

(2)可以用来判断市场趋势的增强、减弱(减弱包括趋势翻转),也可作为决定开仓时间的辅助判断;

(3)使用K线辅助的交易策略也需要考虑盈亏比,若盈亏比远小于1,要尽量谨慎而为或不为;

(4)K线可作为止盈参考。如大的趋势向下,观察到了一个牛市反转信号,并不代表此时是开仓的最佳位置,但是若有空单,此时可考虑部分平仓。

4.2 趋势线

在外汇市场中,趋势线是用得最多的技术工具,趋势线分为支撑线和阻力线,可以帮助交易者发现交易的方向、入场和出场的时机。一般情况下,交易者会通过软件绘图发现这些位置。

在画趋势线时，并非每个交易者画出的线条都是一样的，但是如果画的趋势线是错误的，价格到所画点位时，并不会有任何反应。

比如，价格到了所画的支撑或者阻力线总会突破出去，趋势线并没有起到阻断趋势的作用。或者，价格还没有碰到所画的线就折返原走势。长此以往，错误的趋势线不但不会让交易获利，还会使交易出现严重亏损。

因此，画对趋势线很重要。趋势线是连接至少两个重要的转折点形成的直线，且这条直线将向前延续。

一个转折点是指由三根K线形成的图标。三根K线中，当中间的K线最高点高于左右两根时，为一段行情上方的一个转折点；当中间的K线低于左右两根时，为一段行情下方的一个转折点。如图4-5所示即为转折点图标。

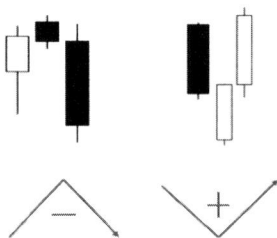

图4-5　转折点图标

如果连接两个或两个以上的转折点形成水平线，那么，画出来的切线为水平支撑或阻力线，如图4-6所示。

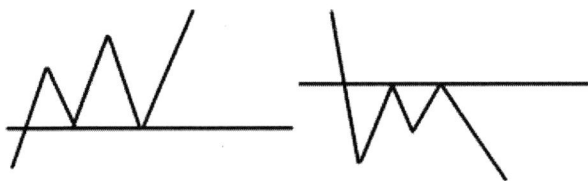

图4-6　水平支撑线及水平阻力线

　　如果连接两个或两个以上的转折点,转折点是在底部不断升高的,画出来的是上升趋势线;如果连接两个或两个以上的转折点,转折点是在顶部不断降低的,画出来的是下跌趋势线,如图4-7所示。

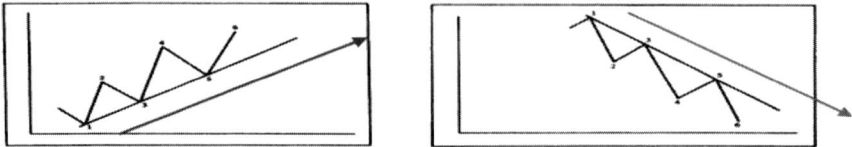

图4-7　上升趋势线及下跌趋势线

　　注意,上升趋势中我们更关注价格底部的支撑线;下跌趋势中我们更关注价格顶部的阻力线。

　　支撑和阻力线也是会相互转化的。当价格上涨突破上方的阻力线后,阻力线将变为新的支撑线;当价格下跌突破下方的支撑线后,支撑线将变为新的阻力线。

　　随着价格靠近支撑线,一条正确的支撑线能够有效阻断价格下跌的趋势,为买入提供入场的下方支点。当价格突破支撑线后,代表价格无视有可能在此处出现的阻挡力量,仍连续创下新低,此时,为卖出提供加入做空的切入点。

　　随着价格靠近阻力线,一条正确的阻力线能够有效阻断价格下跌的趋势,为卖出提供入场的上方支点。当价格突破阻力线后,代表价格无视有可能在此处出现的阻挡力量,仍连续创下新高。此时,为买入提供加入做多的切入点,如图4-8所示。

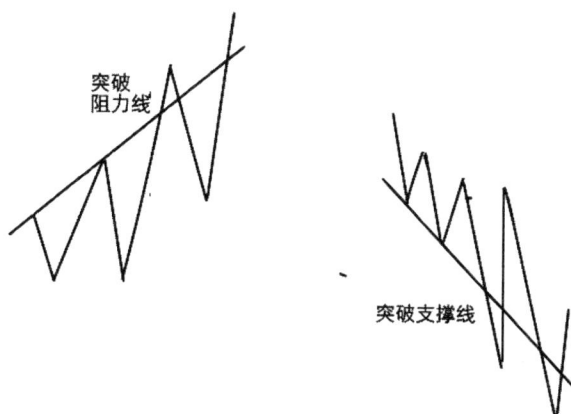

图4-8　突破阻力线和突破支撑线

当然，趋势可能反复。在上升趋势中，有可能出现现有支撑线已经被突破，新的支撑线已经创建的情况，这说明原本的趋势并未彻底终结，而是在向下反弹后回到上升的大方向，如图4-9所示。

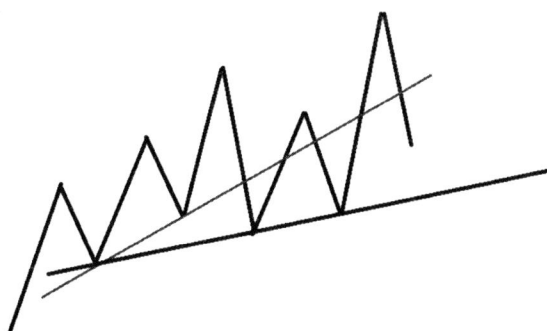

图4-9　趋势反复

4.2.1　趋势线的画法

所谓趋势线，是上涨行情中两个或两个以上的低点的连线，以及下跌行情中两个或两个以上高点的连线。前者被称为上升趋势线,后者被称为下降趋势线。上升趋势线的功能在于能够显示出汇价上升的支撑位,一旦汇价在波动过程中跌破此线,就意味着行情可能出现反转,由涨转跌;下降趋势线的功能在于能够显示出汇价下跌过程中回升的阻力,一旦汇价在波动中向上突破此线,就意味着汇价可能会止跌回升。

交易者在画趋势线时应注意以下几点:

首先,趋势线根据图表时间周期的长短分为长期趋势线、中期趋势线和短期趋势线,长期趋势线通常选择日线图、周线图作为依据,中期趋势线通常选择1小时图、4小时图作为依据,短期趋势线通常选择15分钟图、5分钟图作为依据;

其次,画趋势线时应尽量先画出不同的实验性线,待汇价变动一段时间后,保留经过验证能够反映波动趋势、具有分析意义的趋势线;

再次,在趋势线的修正中,以上升趋势线的修正为例,当汇价跌破上升趋势线后又迅速回到该趋势线上方时,应将原使用的低点之一与新低点相连接,得到修正后的新上升趋势线,能更准确地反映出汇价的走势;

最后,趋势线不应过于陡峭,否则很容易被横向整理突破,失去分析意义。

根据以上注意事项,我们不难归纳总结出几种常见的错误画法,具体介绍如下。

1. 上升趋势线

上升趋势正确画法的关键是要连接最高点之前的至少两个最低点,并且中间不能截断任何K线,如图4-10所示。

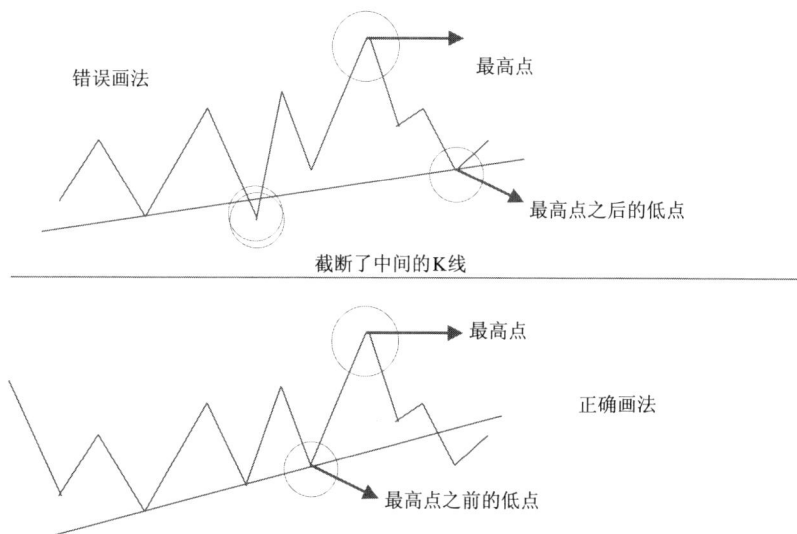

图4-10　上升趋势线错误画法与正确画法示范

2.下降趋势线

连接外汇对价格某一时间段最低点之前的至少两个高点,中间不能穿越任何价位,得到的直线就是下降趋势线。正确画法关键:要连接最低点之前的至少两个高点,并且中间不能截断K线。如图4-11所示。

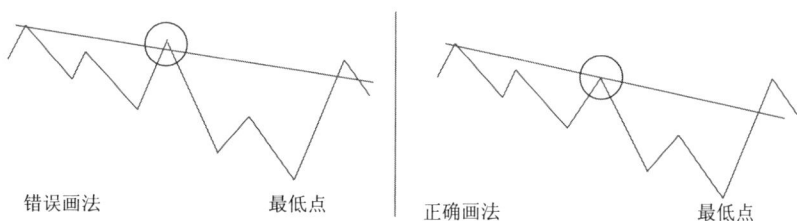

图4-11　下降趋势线错误画法与正确画法示范

常见的错误画法还包括在上升趋势中连接高点或者下降趋势中连接低点。这两条线并不是交易者应特别关注的,因为其对价格的影响较小。截断K线的画法意味着K线并未遵循所绘制的支撑或阻力线,碰触后出现反弹。因此,这样的线意义较弱。另外，选择的两点之间时间间隔太近，线的支撑或阻力作用也会减弱。

4.2.2　使用趋势线的注意事项

一旦画出了趋势线，交易者就可以利用价格反弹到上升趋势线的低点，或者价格反弹到下降趋势线高点的位置建立仓位，开仓顺着原趋势交易。

上升趋势中，当价格回落至趋势线得到支撑后开始反弹时建立新的多单。下降趋势中，当价格回落至趋势线受阻后开始反弹时建立新的空单。当顺应趋势建立多单时，交易者为了控制风险，可将止损设在支撑线的下方。当顺应趋势建立空单时，交易者为了控制风险，可将止损设在阻力线上方。

值得提出的是，在外汇交易的实践中运用趋势线，有非常重要的两个点。

第一，当一条趋势线被多次测试却没有突破时，这条趋势线的作用就会减弱。因此，专业交易者通常倾向在第三或第四次趋势线得到测试时进行顺势交易。当五次或五次以上转折点碰触到趋势线时，突破行情出现的概率会增加。因此，建议交易者抓住价格第三或第四次测试趋势线时的交易机会。此后，入场应严格遵循止损规则，如果趋势发生逆转，止损出局，耐心等待新的交易机会。

第二，注意价格的假突破。当价格徘徊于交易区间内时，突破交易无疑是非常好的选择：交易者们只需要在价格上破阻力或下破支撑时买入或卖出即可。如果是真实的突破，交易者可以在上升趋势结束后开空单；在下降趋势结束后开多单。

但是，当假突破出现，价格短暂突破支撑或阻力水平后却又出现回撤，用技术指标能识别假突破吗？通常我们所使用的技术指标都有一定的滞后性，所以无论是震荡指标、均线、通道,还是布林线,它们都需要依靠解读过去的价格动向来预测未来的价格趋势。这对于突破交易者来说不是一个好消息,因为价格的动向往往会比这些技术指标要快得多。

4.2.3　如何判断突破

在汇市中有许多交易者乐意捕捉汇价突破点,并在突破点进行买入或卖出。这是因为在突破点进行买卖可以提高资金的周转率,用最短的时间周期完成利润最大化或亏损最小化的交易。

在汇市的汇价实际运行中,由于汇价走势变幻莫测,难以捉摸,突破点为交易者提供了许多投机的好机会,但也会出现大型投资机构造成诱多或诱空的假突破,一般也将这种情况称为"多头陷阱"或"空头陷阱"。由于汇价突破点的重要性,机构经常利用突破点吸引散户,以达到自己的目的。所以,交易者在实际操作中要关注和判断突破点的真假。

突破分为向上突破与向下突破两种。向上突破可做买进,向下突破可做卖出。

那么,一旦交易者碰到假突破该怎么办呢?

一个重要的方法,就是可以通过良好的风险管理来降低损失。

交易者在任何一笔交易之前,就应决定自身最多愿意承受多少点(或金额)的风险。在风险控制的章节中将会详细讲解。当交易者进入突破交易的同时设置好止损,就不必过度担心假突破的出现。如果交易者分析好这些可以控制的条件,便可以更有效地在动荡的市场中进行突破交易。

4.3　交易中的基本形态

单根K线可反映出单日的汇价强弱变化,但不能准确地反映出汇价在一段时间内的变化趋势。那么,对于一段时间的汇价变化,利用K线的阴、阳、上、下影线进行判断就不够准确,一般会利用K线所形成的中长期形态加以判断。

4.3.1　三角形形态

在技术分析领域,形态学派经常会用到几何中"三角形"的概念。在K线图中,典型的三角形形态一般会出现正三角形、上升三角形、下降三角形三种。形态学派技术分析者经常会利用三角形的形态来判断和预测后市。

三角形的形成一般是汇价发展至某一阶段之后走势反复或者停滞的现象。汇价震荡幅度会越来越小,K线的高点与高点相连,低点与低点相连并延伸至交点。此时会发现,汇价运行在一个三角形之中。这种形态又以正三角形为典型代表。此形态开始出现时,交易者不要急于动手,必须等待市场完成其固定的周期形态,并且正式朝一定方向突破后,才能正确判断其未来走势并着手交易。

1. 正三角形形态

正三角形形态的确认有以下几个注意事项:

第一,三角形价格变动区域从左至右,由大变小,由宽变窄,且一个高点比一个高点低,一个低点比一个低点高,如图4-12所示;

图4-12　正三角形形态

第二，当正三角形发展至形态的尾端时，其价格波动幅度显得异常萎缩及平静，但这种平静不久便会被打破，汇价将会发生变化：

第三，当正三角形上下两条斜边，各由两个或多个转折点相连而成时，这上下点包含着"涨→跌→涨→跌"，每一次涨势的顶点出现后，立刻引发下一波跌势，而每一次跌势的低点出现后，又立刻引发下一波涨势，而汇价的波动范围会越来越小。

所以，基于正三角形形态的特征，不难总结出以下一般的操作策略。

由于正三角形形态是由多空双方逐渐占领对方空间而形成的，且力量均衡，所以从某种角度来说，此形态为盘整形态，无明显的汇价未来走向。在此期间，由于汇价的波动越来越小，技术指标在此区域也不易给出正确指示。故交易者应随市场而行，离场观望。

汇价在正三角形中运行，如果汇价发展到正三角形尾端才突破斜边，则其突破后的涨跌力道会大打折扣。这是由于多空双方长时间对峙，双方消耗大，故在三角形尾端双方力量均难以快速形成突破。

一般来说，汇价在三角形斜边的三分之二处突破时，涨跌力度会最大。三角形在向上突破斜边后，汇价往往会出现短暂性的回撤，其回撤的终点，大致会在三角形尾部的尖端上，这里是多空双方力量的凝聚点。多方占优，后市常有一段不俗的涨幅。

在经过大跌后出现正三角形形态，一般只是空方稍作休息，不久又会开始新一轮的跌势，此三角形也可称为"逃命三角形"，交易者在此应密切注意。

综上所述，交易者在对待正三角形形态时，应待汇价正式有效突破后，再伺机而动。

2. 上升三角形形态

所有三角形形态中最显著的一个共同点就是：汇价波动的幅度从左至右逐步缩小，多空双方的防线逐步靠近，直至形成价格的突破。

上升三角形，其趋势为上升势态，从形态上看多方占优，空方较弱，多方的强大买盘逐步将汇价的底部抬高，而空方能量不足，只是在一水平颈线位做抵抗。单纯从图来形来看，让人感觉汇价随时会向上突破，形成一波涨势，如图4-13所示。

由于汇价形态一旦出现上升三角形的走势，后市通常是乐观的。一些交易者将出形态作为价格行为的分析重点，一般来说，在上升三角形形态内，"假突破"的现象不是太多。由于上升三角形属于强势整理，汇价的底部在逐步抬高，多头买盘踊跃，而大型投资机构也趁此机会顺水推舟，使空头迅速止损出局。

所以说，上升三角形突破成功的话，突破位为最佳买点，后市则会有一波相当于三角形最左侧垂直距离的涨幅。如果上升三角形突破失败的话，顶多会承接形态内的强势整理而出现矩形整理，形成头部形态的概率也不会太大。

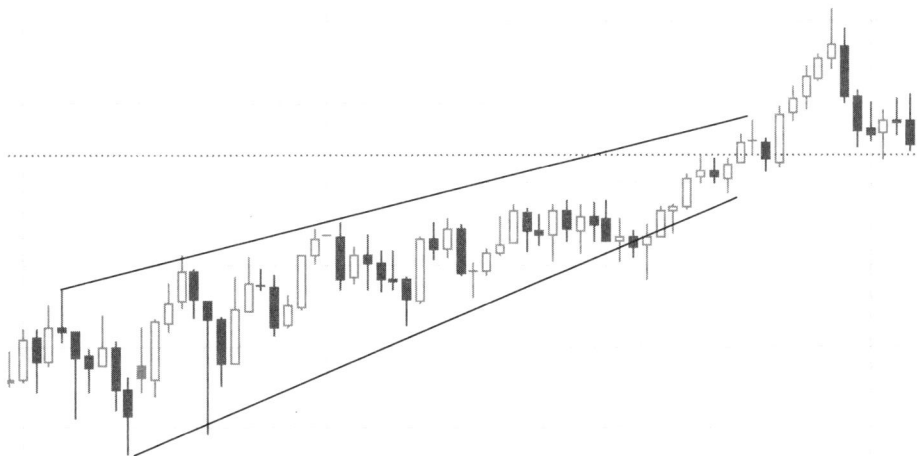

图4-13　上升三角形形态

3. 下降三角形形态

下降三角形，只是多空双方的能量与防线位置不同。下降三角形属于弱势盘整，卖方显得比较积极，抛出意愿强烈，不断将汇价压低，从图形上造成压力颈线从左向右下方倾斜，买方只是将买单挂在水平支撑线，从而在K线图中形成下降三角形形态，如图4-14所示。

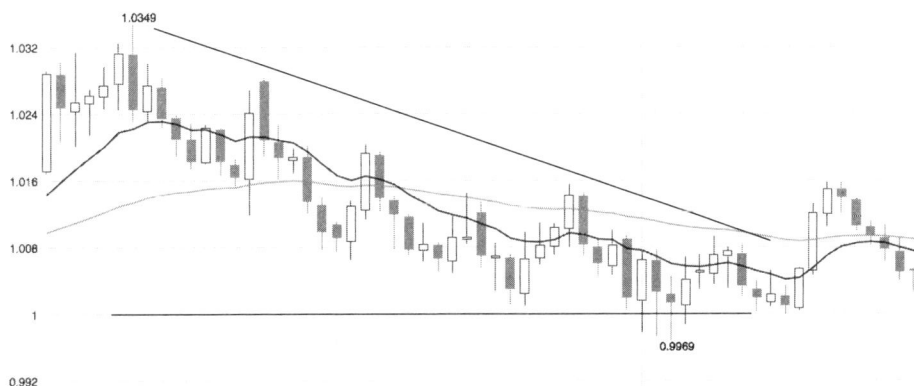

图4-14　下降三角形形态

在下降三角形形态内，许多交易者在汇价未跌破水平支撑位时，会认为此处有强效支撑，而当作底部形态认可，其实不可贸然确认这种形态为底部。特别是大多数人都将它确认为底部区域时，应更加小心。

在下降三角形形态被突破后，其汇价也会有回撤的过程，回撤的高度一般在水平颈线附近。这是由于汇价向下突破，原水平支撑线转化成水平阻力位，在此位置，获利盘与多头的止损盘涌出，汇价得以继续大幅下跌。

所以，在下降三角形形态出现时，交易者不可将支撑线当作底部区域贸然买入，等待真正底部出现时再进场不迟。

4.3.2 整理形态

整理形态又被称为中继形态或者趋势休息站。一般而言，整理形态的讨论复杂一些，因为在整理过程中，尚未完成的整理形态与尚未完成的反转形态有极其雷同之处。为了避免太早开仓，应严谨定义形态模型，等待确认信号出现后再进操作。同时，善用测量法则可在恰当的定位突破后走势延展的相对位置，提高形态分析的准确率并降低操作上的风险。

1. 箱形形态

箱形形态也被称为矩形形态，是一种标准的横向盘整形态。形成原因是每一次汇价走势上涨时，总是在同一位置遭到空方的抛压而回挡；每一波汇价回落时，也大约在同一位置获得多方的支撑而反弹，连接每一次的反弹高点形成一条水平压力颈线，连接每一次回挡低点形成一条水平支撑颈线，压力与支撑之间形成矩形，也就是箱形，汇价在一段时间内会在箱体中波动，而形成箱形整理，如图4-15所示。

图4-15　箱形形态

箱形整理可能会发生在头部区域,也可能发生在底部区域,但是一般都出现在汇价上涨或下跌的途中。如果箱形形态出现在头部或底部,且整理时间太长,则形态有可能演变成圆弧顶或圆弧底。

箱形整理时间一般较长,但汇价总会有突破的时候。形态内多空双方均多次互相突破未遂,到底哪次突破才会是真突破呢? 判断突破仍需要靠观察成交量的变化来判断。但外汇市场的即时成交量难以在一个交易商处客观呈现。

一般来说,无论汇价向上或向下突破,大实体K线突破都应视为突破的信号。汇价突破后数天内,汇价会回撤至颈线压力或颈线支撑附近,测试突破是否成功。

在箱形整理期间,交易者如无把握则离场观望。如果是短线交易高手,则可在箱体内来回博差价,在支撑线附近买进,在阻力线附近抛出,来回利用作用力与反作用力实施箱形操作法。

2. 旗形形态

旗形形态属于形态分析的产物,是一种汇价盘整态势,一般出现在极端行情中。其形态表现在K线图中好像一面挂在旗杆上的旗子。

在汇市中，无论多么强势的行情，汇价不可能不停地上涨或下跌，在任何趋势中都会有休息的时候，休息后再继续朝原方向发展。在极度强势的走势中，一般都会出现旗形整理，此时是买入的好机会，后市将继续走强。

在行情休息的时候，汇价形态上会走出旗形形态，如图4-16所示。

旗形形态也可以说是多方或空方的加油站，一般停留时间不长，一旦加满油，汇价将再次启动。

图4-16　旗形形态

一般来说，旗形在上升趋势中出现，会引发下一波的大涨。在下跌趋势中出现，会引发下一波的大跌。旗形在这里起到了加速度的作用。交易者在上升趋势中遇到旗形则应加码买进，在下跌趋势中则应加码卖出。

3. 楔形形态

楔形形态与旗形形态相类似，都属于短期内的调整形态，其形成原因皆为汇价前期有一段单边行情,汇价波动幅度大,且角度接近垂直,形成旗杆,多方或空方经过一段冲刺后,汇价在短期内呈反向小幅回调,形成楔形或旗形。

从形态上看,两种图形都像挂在旗杆的旗子,只是旗形为平行四边形,而楔形夹在两条非平行的趋势线中间,形成扁长的三角形。如图4-17所示。

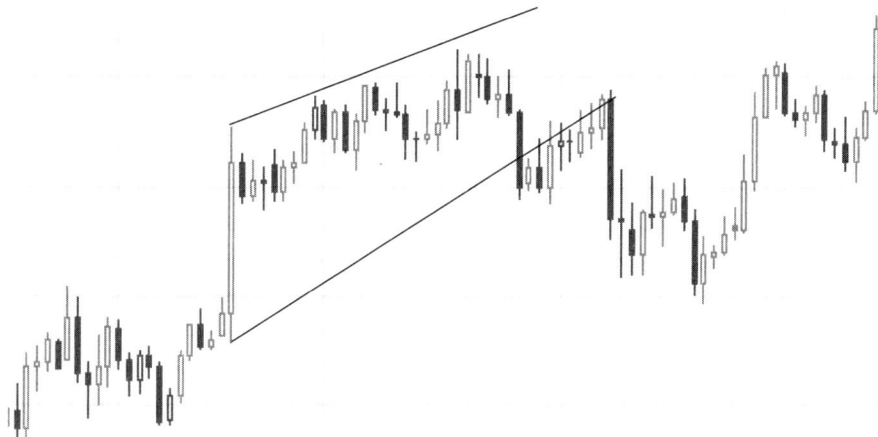

图4-17　楔形形态

4.3.3　头部与底部形态

头部与底部形态,分为以下几个类型。

1. 头肩型

K线在经过一段时日的聚集后,在某一价位区域内,会出现三个顶点(或底点),其中第二个顶点较其他两个顶点更高的形态,为头肩型;第二个底点较其他两个底点更低的形态,为倒头肩形。

有时也可能出现三个以上的顶点或底点,若出现一个或两个头部(或底部),

两个左肩与右肩，称为复合型头肩型（或复合型倒头肩型），如图4-18所示。

图4-18　头肩型

2. 圆弧底形态

圆弧底属于一种盘整形态，多出现在汇价底部区域，是极弱势行情的典型特征。其形态表现在K线图中如锅底状，如图4-19所示。

图4-19　圆弧底形态

圆弧底形态的形成原因是汇价经过长期下跌之后，卖方的抛压逐渐消失，空方的能量基本上已释放完毕。但由于短时间内买方也难以聚集,汇价无法上涨,汇价只有停留在底部长期休整,行情呈极弱势,汇价陷入胶着,振幅相对较小。此时,汇价便会形成圆弧底形态,该形态也被称为汇价"休眠期"。

在圆弧底形态中,由于多空双方皆不愿意积极参与,汇价显得异常沉闷,由于汇价较低,某些大型投资机构会在此形态处建仓。

圆弧顶形态同圆弧底形态一样属于汇价横向波动,但其外观走势与圆弧底正好相反,其图形所预示的后期走势也截然不同。圆弧顶一般为头部区域蕴藏着一波跌势;圆弧底是在汇价底部区域酝酿上升行情。

圆弧顶的形成是由于汇价在经过一段长期的拉升之后,达到大型投资机构预定或理想的目标位,加之市场缺乏利多的刺激,多方人气不足,汇价无法继续上行。

3. W底形态

W底是形态学中一个重要的形态,其走势外观如英文字母"W",如图4-20所示。W底属于一种中期底部形态,一般发生于汇价波段跌势的末期。一段中期空头市场,常常以一段中期底部与其相对应,也就是说,一个W底所酝酿的时间,有其最少的周期规则,所以,W底的形态周期是判断该形态真伪的必要条件。

W底的构成要素,有以下两个条件:

条件一:W底第一个低点与第二个低点之间,两者至少必须有比较长的距离,市场中有时候会出现短期的双底走势,这不能算作W底,只能算是小行情的反弹底,且常为一种诱多陷阱。

条件二:第一个低点的成交比较活跃,第二个低点的成交却异常沉闷。并且第二个低点的外观通常略呈圆弧形。所以说W底形态有左尖右圆的特征。

图4-20 W底形态

4. M头形态

M头形态正好是W底形态的倒置,其汇价走势犹如英文字母"M",如图4-21所示,属于一种头部盘整形态,从另一个角度来看,也可以算作是头部区域的箱形整理态势。

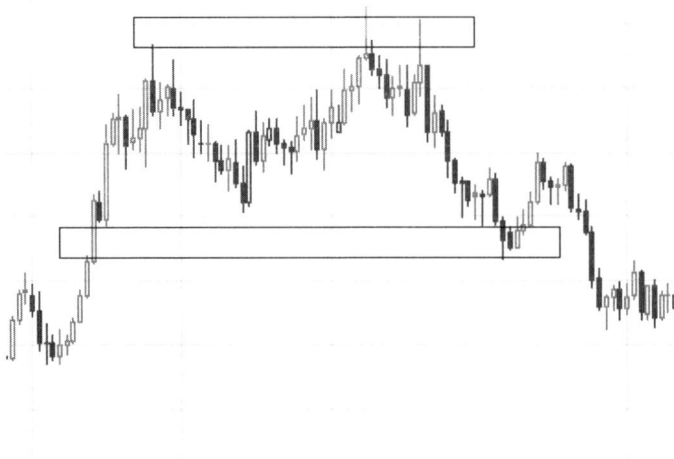

图4-21 M头形态

由于M头的杀伤力颇大，故交易者在判断其形态真伪时需要了解以下几点：

第一，M头形态内的两个高点间隔的时间必须有较长的周期，由于大家的警觉，周期会相对缩短，在形态上，右边的高点外观可能不像左边的高点那么尖，略呈圆弧形；

第二，在M头形态内第一次回跌的低点处可以绘制一条水平支撑颈线，汇价在二次回跌至此支撑线并突破时，常会有小幅回撤，完成后，将引发波段性下跌行情。

趋势线、K线经典组合及上述的技术分析形态实际上是外汇专业交易者的必杀利器。交易者应结合实盘交易进行反复且大量的信号的识别训练与实操应用，脚踏实地地去研究。

4.4　神奇数列——斐波那契数列

斐波那契回调线具有"提前性"，能很好地帮助交易者挂单操作，提前布局。

斐波那契回调线，又称黄金分割线。斐波纳契数列是数学中最迷人的产物之一。它们在几乎所有数学家的心中都占有特殊的地位。在理性分析的历史中，人们围绕这些数列做了许多研究，发现了各种有趣的现象。这个数列中的任何数都是前两个数的和，这个模式在数学上可以写成：0、1、1、2、3、5、8、13、21、34、55、89、144、233，等等。

自然界当中，绝大多数花朵的花瓣数量都是斐波那契数。仔细观察向日葵的花，可以看到，向日葵花盘内，种子是按对数螺线排列的，有顺时针转和逆时针转的两组对数螺线。两组螺线的条数往往成相继的两个斐波那契数，一般是34和

55，大向日葵是89和144，更大的向日葵还有144和233的组合。它们都是相继的两个斐波那契数。

斐波那契数列中n是一个大于1的正整数，$F(n)$是第n个斐波纳契数，$F(0)=0$和$F(1)=1$。

斐波那契数列具有神奇的特性：前一数字与后一数字之比趋近于固定常数0.618。因此，61.8%就成为了斐波那契的关键比率，也被称作"黄金比例"。

通过对斐波那契数列的探索可以推导出两组重要的数列。一组是：0.191、0.382、0.5、0.618、0.809；另一组是：1、1.382、1.5、1.618、2、2.382、2.618。

这两组数列中最为重要的是0.382、0.5、0.618、1、1.618这五个数字。它们在外汇交易的分析中效果极佳。

根据不同的使用方法，斐波那契数在外汇技术分析中可以细化为五类线——斐波那契回调线、斐波那契扩展线、斐波那契时间区间、斐波那契扇形线和斐波那契弧线。

这五类线中应用最广泛的是斐波那契回调线。在交易商提供的软件上通常都可以直接加载此技术指标：插入技术指标工具，选取斐波那契回调线。

上涨行情形成后，一般选取前期低点和近期高点，选中斐波那契技术指标中的斐波那契回调线，选取价格低点与高点，生成斐波那契回调线。

下跌行情形成后，一般选取的是前期高点和近期低点，选中斐波那契技术指标中的斐波那契回调线，选取价格高点与低点，生成斐波那契回调线。

以上涨行情为例，在英镑兑美元（GBPUSD）的4小时图中。连接2020年3月20日的低点与2020年3月27日的高点，选择斐波那契回调线，交易者可以看到这波上涨的趋势被0、23.6、38.2、50、61.8、100标注起来，当交易者看到价格顶部两次碰触0对应的顶部阻力位且并未突破后，就可以开仓做空。第一目标位是23.6对应的汇价1.2230，如果价格进一步下跌，将逐步指向38.2、50、61.8、100。止盈可保守操作，在每一条回调线都获利了结一部分。但一般来说，0.618线处威力最强大。

图4-22 获利了结一部分

假设价格下跌至斐波那契回调线61.8对应的汇价后，没有进一步向下突破，那么这一回调线将形成支撑，交易者可以按原来的上涨大趋势方向，布局多单。

斐波那契回调线的用法通常有两种：抓突破、抓反弹。在图中标注完斐波那契回调线后，交易者把两条标注位置的切线作为区间的顶部与底部，只在这两个位置入场交易，避开中间的混乱区域。成功概率也是所有技术指标中较高的。

结合刚才的例子，在上升趋势中标出斐波那契回调线，交易方法如下：

首先，看K线能否回跌至斐波那契数的支撑线。倘若价格K线实体收在支撑线的上方，即可考虑布局多单，保守止盈。比如，23.6入场，0作为止盈位；若38.2入场，23.6作为第一止盈位，0作为第二止盈位；若61.8入场，50作为第一止盈位，38.2作为第二止盈位，以此类推。

其次，若K线跌破某斐波那契数的支撑线，且实体收在该线下方，即可考虑布局空单。比如，价格收于23.6下方，开空单，第一盈利目标为38.2；若价格收入50下方，第一盈利目标为61.8，以此类推。

两段斐波那契回调线叠加使用：例如在一段行情中，同时画上涨趋势的回调线及下跌趋势的回调线，这时会发现有部分回调线会重合在一起。这些重合在一起的回调线就需特别注意了，因为这些点位将构成更强的支撑或阻力，一旦突破，后面的行情可能会一飞冲天或飞流直下。如果没有突破，也可反手布局，如上述例子。

在实际操作中，斐波那契回调线还可以跟其他技术指标叠加使用。

斐波那契回调线结合移动平均线使用：将移动平均线叠加到斐波那契回调线后，可以发现某些时候移动平均线会与斐波那契回调线十分接近，甚至重叠，这个时候，交易者也要多加留意这些点位，一般这些点位被突破，就可能会引发后市的大行情。

4.4.1　道琼斯工业指数

道琼斯工业指数是由华尔街日报和道琼斯公司创建者查尔斯·道创造的几种股票市场指数之一。这个指数主要用于测量美国股票市场上工业构成的发展，是最悠久的美国市场指数之一。时至今日，平均指数包括美国30家最大、最知名的上市公司。

虽然名称中提及"工业"这两个字，但实际上，今日的30家构成企业里，大部分都已与重工业不再有关。由于补偿股票分割和其他的调整的效果，它当前只是加权平均数，并不代表成分股价值的平均数。

道琼斯工业指数是美国经济百余年历史的见证，尽管它也发生了很多的变化，但交易者仍然把它视作美国传统经济的象征。

因为股票指数通常是一个国家经济发展的先行指数，所以通常对外汇市场也有一定的影响。短期内，可能会出现股票指数与该国汇率呈反方变动的情况，但从长期来看，经济的繁荣也是提高一国汇率的必要因素。

4.4.2　标准普尔500指数

标准普尔500指数是由标准·普尔公司于1957年开始编制的。最初的成分股由425种工业股票、15种铁路股票和60种公用事业股票组成。

从1976年7月1日开始，其成分股改由400种工业股票、20种运输业股票、40种公用事业股票和40种金融业股票组成。

它以1941年至1943年为基期，基期指数定为10，采用加权平均法进行计算，以股票上市量为权数，按基期进行加权计算。

与道琼斯工业指数相比，标准普尔500指数具有采样面广、代表性强、精确度高、连续性好等特点，被普遍认为是一种理想的股票指数期货合约的标的。

美元和美股一般是呈负相关的关系，美元上涨的时候，美股会下跌，反之也是成立的。但是历史上也曾多次出现美股和美元同涨同跌的情况，只是依据最普遍的走势规律，美元与美股呈负相关的关系，不同时间段内的关系可通过时间序列分析获得。

标准普尔500指数对外汇市场，尤其是对美元走势的直接影响有限，应结合其他因素综合考量。

4.4.3　英国富时100指数

富时100指数、法国的CAC-40指数和德国的法兰克福指数，并称为欧洲三大股票指数,是当前全球交易者观察欧股动向最重要的指标之一。

富时100指数由世界级的指数计算金融机构富时集团所编制,该指数是从伦敦股市上精选700多只股票作为样本股加以计算得出,特点是统计面宽、范围广,能较为全面地反映整个股市状况。

这一指数覆盖伦敦证券交易所大约80%的市值,具有一定的代表性,是反映伦敦证券市场股票行情变化的重要尺度;富时100指数通过伦敦股票市场自动报价电脑系统,可随时得出股票市价,并实时计算,因此,能迅速反映股市行情的变动,自公布以来就受到广泛重视。

同标准普尔500指数一样,富时100指数虽然对外汇市场并没有直接的影响,但是可以从宏观层面反映出一个国家的经济状况,对交易者的判断起到辅助作用。

4.4.4 日经225股指

日经225股指的前身为东证修正平均股价,是由日本经济新闻社编制并公布的反映日本股票市场价格变动的股票价格平均数。

该指数从1950年9月7日开始计算编制,样本股票为在东京证券交易所内上市的225家公司的股票,并以当日为基期,当日的平均股价176.2日元为基数,当时称为"东证修正平均股价"。

日经225股指的采样股票分别来自各行各业,覆盖面极广;而在各行业中又是选择最有代表性的公司发行的股票作为样本股票。

同时,不仅样本股票的代表公司和组成成分随着情况的变化而变化,而且样本股票的总量也在不断增加,已从225种扩增为500种。因此,该指数被看作日本最有影响和代表性的股价指数,通过它可以了解日本的股市行情变化和经济景气变动状况。

　　关于日经225股指和日元汇率关系的一种解读是,当日经225指数上涨时,日本股市一片繁荣,表明日本经济比较良好,利好日元,则美元兑日元下跌。不过,如果日本股市开始低迷,日本的国内外交易者就会担心,然后大量抛售股票和日元。另一种解读是股市好时,日元汇率往往下跌;股市低迷时,日元汇率往往上涨。真正的答案应结合历史数据进行分析与统计后得出,而非"拍脑门"的论断。

　　总的来说,这些指数都会对外汇市场产生或大或小的影响,但都不是决定性的影响,交易者在做出交易决策的过程中,切不可将指数作为唯一的依据进行判断。

第 5 章

技术分析中的常用指标

指标的类型多种多样，有的指标被日内交易者、短线交易者使用，有的被长线投资者广泛使用，在本章中我们将介绍一些常用的技术分析指标。

5.1　趋势指标

趋势判断并不是凭空而来的，也不是单凭经验就可以做到的。趋势的判断要依赖很多指标，通过指标的变化来判断趋势的变动。

5.1.1　布林线的秘密

在所有的指标计算中，布林线指标的计算方法是最复杂的计算方法之一，其中引进了统计学中的标准差概念，涉及中轨线、上轨线和下轨线的计算。和其他技术指标类似的是，布林线也可用在不同时间周期的图中。

以日线图为例，常用的布林线设置为：

参数20的布林线中轨线位置=20日的移动平均线；

上轨线位置=中轨线+两倍标准差；

下轨线位置=中轨线-两倍标准差。

标准差是什么呢？简单来说，标准差是一种用于测量一组数平均值分散程度的测量方法。一个较大的标准差代表大部分数值和这组数的平均值之间的差异较大；一个较小的标准差代表这些数比较接近平均值。

举个例子，这里有两组数的集合。第一组数是{0，5，9，14}，第二组数是{5，6，8，9}。数学上，这两组数的平均数是将各自集合中的四个数相加，再除以4，都是7，但第二个集合{5，6，8，9}比第一个集合{0，5，9，14}的标准差要小。

可以理解为标准差小的，数比较集中，标准差大的，数比较分散。放在外汇价格里，数比较集中的也就是价格波动比较小的，数比较分散的也就是价格波动比较大的。这样解释相信交易者能更好理解。

因此，布林线能帮助交易者看出市场是安静的还是剧烈波动的。当市场处于安静时，布林线会收窄，市场处于剧烈波动时，布林线将会扩张。

将布林线加载在价格图上，会生成两条实线和一条虚线，在这三条线中，上面的实线为上轨线，起着阻力的作用，中间的虚线为中位线，代表价格波动的趋势，在上涨趋势中起到支持的作用，在下跌趋势中，起到阻力作用。下面的实线称为下轨线，起着支撑的作用。

1. 布林线的作用

布林线可以表示支撑和阻力的位置，类似于我们前面讲到的水平支撑线和阻力线，只不过布林线是曲线，不是直线。同时，布林线可以显示超买和超卖。布林线可以辅助止盈止损的设置，还可以显示趋势，具有通道作用。

以美元兑离岸人民币（USDCNH）为例，从2020年3月20日起的4小时图上可以看到，2个标准差的布林线上下轨之间，价格95.4%的情况下受到轨道的支撑阻力作用。在从3月20日算起的340根4小时K线中，收在布林线上轨外的有5根，影线刺穿上轨的有13根；收在布林轨道下轨外的有10根，刺穿下轨的有18根。在这些情况发生时，市场处于超买或超卖中，很快发生了转折。

布林线显示的通道，也是看到汇价运行的通道，整体震荡，幅度收窄。

2. 布林线通道的形态

总结一下，布林线通道的形态有以下五种，如表5-1所示：

表5-1　布林线通道的形态

形态表现形式	形态解说
(1)上下轨同时向上	这种情况,汇价一般游走在中轨和上轨之间,为上涨行情
(2)上下轨接近走平	这种情况,汇价一般在中轨上下震荡,为盘整行情
(3)上下轨同时向下	这种情况,汇价一般游走在中轨和下轨之间,为下跌行情
(4)上轨向上,下轨向下,呈开口形态	这种情况一般属于汇价向上拉升或者急跌的情况,此时阻力线和支撑线打开,称为"开口"
(5)上轨向下,下轨向上,呈收口形态	这种情况表示上下轨分别对空头和多头形成压力,此类型一般为方向选择性走势,适宜轻仓操作

　　布林线的三条轨线可以视为行情中的安全通道,汇价一般在这个安全通道中波动,如果汇价突破布林线的上轨或下轨,就代表目前行情变化比较激烈。布林线三条轨线的分布关系可以帮助交易者分析市场行情。

3. 布林线的交易实战方法

　　布林线在趋势行情中的交易原则:

　　(1)当汇价分布在中上轨之间时,代表行情中多方力量比较强,可以考虑低位买进。

　　(2)当汇价分布在中下轨之间时,代表行情中空方力量强势,可以考虑高位卖出。

　　(3)当汇价沿着布林线的上轨边缘或者外部运行时,代表市场处于单边上涨状态中,可以坚守多单。

　　(4)当汇价随着布林线的下轨边缘或者外部运行时,代表市场处于单边下跌状态中,可以坚守空单。

　　(5)如果观察到布林通道呈紧缩状态或者扩张的状态,则预示大行情转折,交易者应等待反转的交易机会,同时,也要预防假突破,控制好风险。

　　一定要注意,使用布林线的一个重点是不能单纯以"破上线后卖出,破下线后买入"为原则。原因是，一旦趋势起来，价格会"破了又破"，甚至是停留在布林轨道外缘。因此，价格突破上轨或下轨是一个继续持仓的信号，不是反转入场的信号。

我们举例讲解：

在欧元兑美元（EURUSD）的1小时图上，可以看到，2019年12月24日至2019年12月26日，价格分布在中轨至上轨之间，表明多方力量比较强。因此是等待买入的机会。

12月26日当价格碰触到布林线中轨时，若于1.1095价位开仓。开仓之后可以观察到，价格顺着布林线的上轨边缘运行，代表此多单可以继续持有。

2019年12月31日，价格收在布林线中线以下，预示此前的上涨行情可能告一段落，进行平仓。这笔交易一共收获了110点的盈利。一手欧元兑美元（EURUSD）的合约，获利为1 100美元。

再以美元兑日元（USDJPY）的一段走势为例。从2020年3月19日起，在1小时图中可以观察到美元兑日元（USDJPY）宽幅震荡，布林线出现扩张的形态，此后逐步缩窄。到了3月25日，布林线的宽度仅剩3月19日的1/3左右。因此，极有可能出现一波大的转折。

3月26日价格反弹力度大幅减弱，小幅反弹之后于111.18美元附近入场做空。此后价格一直处于跌势，保持在布林线下轨的边缘下方。

直到2020年3月30日，价格收盘于布林线中轨上方，交易者进行平仓。这笔交易使交易者一共获利300点。一手美元兑日元（USDJPY）的合约，获利为3 000美元。

使用布林线交易时应该注意，震荡行情中，汇价穿越布林线边线时，会回到上下轨内，但是在震荡整理行情中，价格毛刺比较多，建议选取其他技术指标作为交易信号。

5.1.2　移动平均线

移动平均线并无任何花哨、奇妙之处，但是它或许是技术分析工具中最有用的工具和许多指标的基础。如果交易者试图从图表中看出规律性，移动平均线能通过消除被称为"噪音"的异常高点和低点并寻求中心点来让交易者如愿以偿。

移动平均线（Moving Average，简称MA），常用参数有5、10、20、55、120和240。周期越短，对于价格变动的敏感度越高，越能显示出近期的汇价走势，曲线越不平滑。周期越长，更能表现整体大趋势的方向，均线越平滑。

移动平均线将价格的高点和低点"平滑化"之后，交易者可以更明显地看出价格走向。移动平均线大致展示了当前的价格走向，但总是具有滞后性。

1. 计算

移动平均线是一系列价格（通常为收盘价）的平均值；交易者可以在它的基础上增加新时段的数据，然后减去首个时段的数据，以保持时段数据的连续性。

例如，交易者有10个时段的价格。将它们相加，然后除以10。进入下一时段后，交易者可以去掉首个数据点，用剩下的数据加上今日的新数据，然后再除以10。通过添加、删除时段，平均价发生"移动"。

这就形成了一条移动平均线。每个数据点都有对应的权重。

交易者可以为近期数据增加权重，以便移动平均线更接近当前价格，而且更能代表目前的情况。交易者可以采用两种方式加权方式得到两种移动平均线：一种是指数移动平均线，另一种是加权移动平均线。

确切地说，这两者都是"加权"移动平均线。前者是指数式加权，而单纯的"加权"是对每个数据点进行逐步加权。所有交易平台均提供这些移动平均线类型，因此交易者无须知道它们的手动计算方法，交易者可以用Excel或类似软件轻松操作。

2. 使用原则与交易方法

移动平均线的使用原则为以下六点：

（1）移动平均线上升时，寻找买进时机，且不宜做空；移动平均线下降时，寻找卖出时机，且不宜做多。适用于一条均线、两条均线或多条均线交易。

（2）移动平均线本身具有支撑、阻力与助长、助跌功能，并有作为多空分析的趋势线的作用。

（3）利用短期、中期、长期三条以上均线分析时，在单边上涨行情中会出现多头排列，也就是说，短期均线大于中期均线，中期均线大于长期均线；在单边下跌行情中会出现空头排列，也就是说，短期均线小于中期均线，中期均线小于长期均线。

（4）均线黄金交叉，是指短期均线由下往上突破中期均线，且均线持续上扬时，属于买进信号；均线死亡交叉，是指短期均线由上往下跌破中期均线，且均线持续下跌时，属于卖出信号。

（5）短线交易员在利用穿插信号时，应注意真假突破的分析与认定。

（6）当上涨行情中均线的正乖离过大，上升趋势放缓，多头应获利了结。当下跌行情中均线的负乖离过大，下跌趋势放缓，空头应平仓。

3. 使用示例

我们举例来看:

在美元兑日元(USDJPY)的4小时图上,交易者加载20参数的移动平均线。从2019年8月29日至2019年8月30日,价格处于均线下方。此后价格一路向上。

第一种均线交易方法,交易者仅使用一根均线和价格的关系作为交易信号,长期持有至价格出现反转平仓。交易方法如下:

当美元兑日元(USDJPY)突破2019年8月29日的高点130并小幅回踩接近均线的位置129.90时,作为入场的位置。

2019年9月20日至9月23日,第一次由三根K线形成的转折点收于均线下方,平仓获利。总盈利为440点。一手美元兑日元(USDJPY)合约,盈利4 400美元。

注意,9月12日的一根长阴线收于均线下方,但是,第二根大阳线立刻又破了均线继续上涨,并没有出现由三根K线形成的转折点收于均线下方的情况,因此这个位置不平仓。

我们刚才说到的,第一次由三根K线形成的转折点,发生于2019年9月20日至9月23日,才是应平仓的位置。

第二种均线交易方法,也是在外汇交易中最常用的波段交易方法。交易者仅使用一根均线和价格的关系作为交易信号,并在由三根K线形成的转折点无新高时平仓,在价格再次碰到均线后再次开仓。

交易方法如下:当美元兑日元(USDJPY)突破2019年8月29日的高点130并小幅回踩接近均线的位置129.90时,作为入场的位置。

2019年9月6日的第一个转折点形成的高点与2019年5月的转折点形成的高点

持平，未出现新高，第一次平仓获利，获利200点。

2019年9月9日价格下跌至130.80碰触20参数均线时第二次开仓，2019年9月12日第一个转折点形成的高点与9月11日高点持平，未出现新高，第二次平仓获利，获利250点。

在2019年9月12日稍晚时间段内，价格下跌至20参数均线附近，碰触均线时为第三次开仓位置，2019年9月17日第一个转折点形成的高点与9月13日的高点持平，第三次平仓获利，获利270点。

此后，价格下跌至均线位置134.6为第四次开仓位置，价格达到前高135.5平仓获利，获利近100点。此后，价格跌破均线下方，收在均线下方，代表上涨趋势结束。上涨趋势的波段交易结束。

总结一下，上升趋势的波段交易，交易者在前高平仓，在价格碰触均线处开仓。趋势不变，每一次机会都应抓住。在上面的例子中，波段交易的总盈利为200点+250点+270点+100点=820点，一手美元兑日元（USDJPY）获利为8 200美元。将近第一种交易方法的两倍。

第三种均线交易方法，也是均线的"懒人"交易法。

在刚才20日参数的均线基础上，交易者再添加一根55日参数均线。两根均线第一次交叉，20日均线站到55日均线上方时交易者以对应的价格入场；两根均线第二次交叉，20日均线跌到55日均线下方时交易者平仓。还是同样这段行情，开仓位置为131.69，平仓位置为132.91，获利122点，一手美元兑日元（USDJPY）获利为1 220美元。

我们做个比较：第一种方法盈利4 400美元，第二种方法盈利8 200美元，第三种方法盈利1 220美元。

盈利最多的第二种方法抓住了趋势中的小波段，有时候获利能达到趋势总波动点数的10倍以上。获利最少的第三种方法，适合偏爱中长线操作的交易者，正确发掘趋势后能轻松获利。

第一种方法获利居中，策略的难度也适中。交易者选择适合自己交易习惯的策略才是最好的。

5.2　动量指标

威尔斯·威尔德（Welles Wilder）注意到，动量变化通常（但不是始终）是走向变化的前兆。典型示例为动量最开始比较温和，当走势形成时，迅速加速，当几乎所有买家或卖家已进行头寸操作时达到顶峰，然后减弱。随后行动最快的交易者了结获利，引发走势改变方向。

如果交易者能确定动量是加速还是减速，那么就可以预测波峰、波谷及相应的头寸。因此，顶级领先指标均建立在动量的基础之上。

5.2.1　平均真实波动范围

交易者可以使用普通的传统动量或变化速率来判断动量阶段。图5-1所示的动量由当日收盘价除以12个时段前的收盘价而计算得出。不难发现，动量跟随价格下跌，但之后停止跌势，开始上涨。于是，得到了一个更低的波谷值，我们将它解读为看涨信号。经历一轮小幅上涨之后，动量与价格在同一天达到峰值，此后与价格同时下跌。

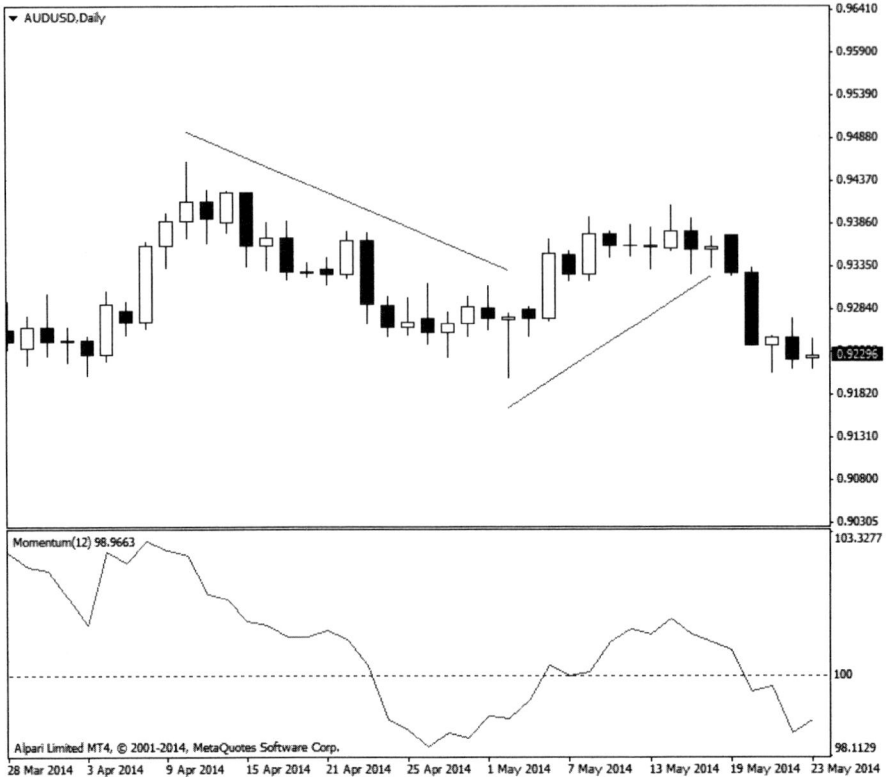

图5-1 动量展示

动量指标先"领先"，再同步。

平均趋向指标（ADX）可衡量趋势的强度，进而衡量多头或空头的强度。另一项领先指标是平均真实波动范围（ATR），它可通过市场心理学进行诠释。随着时段内越来越多的交易者争夺市场走向，该波动范围将会扩大。

如果多头获胜，则收盘价位于或接近高位，但相距较远的平均波动范围宽口端可以见到空头信号。如果市场在反弹或跌势结束时重新出现不确定性，由于交易者对市场走向的信心减弱，波动范围将出现一定的收缩。这正是威尔斯·威尔德在ADX计算中用到ATR的主要原因。

图5-2与图5-1相同，但额外添加了ATR。图下方的水平线标记了ATR停止下

跌的部分。这条线非常平稳且略有上升,但上升幅度不大。经过平稳区域后,ATR

再次下跌,说明由动量上升所确定的小幅反弹只不过是昙花一现,而且不值得信

任。真正的反弹须伴有上升的ATR。

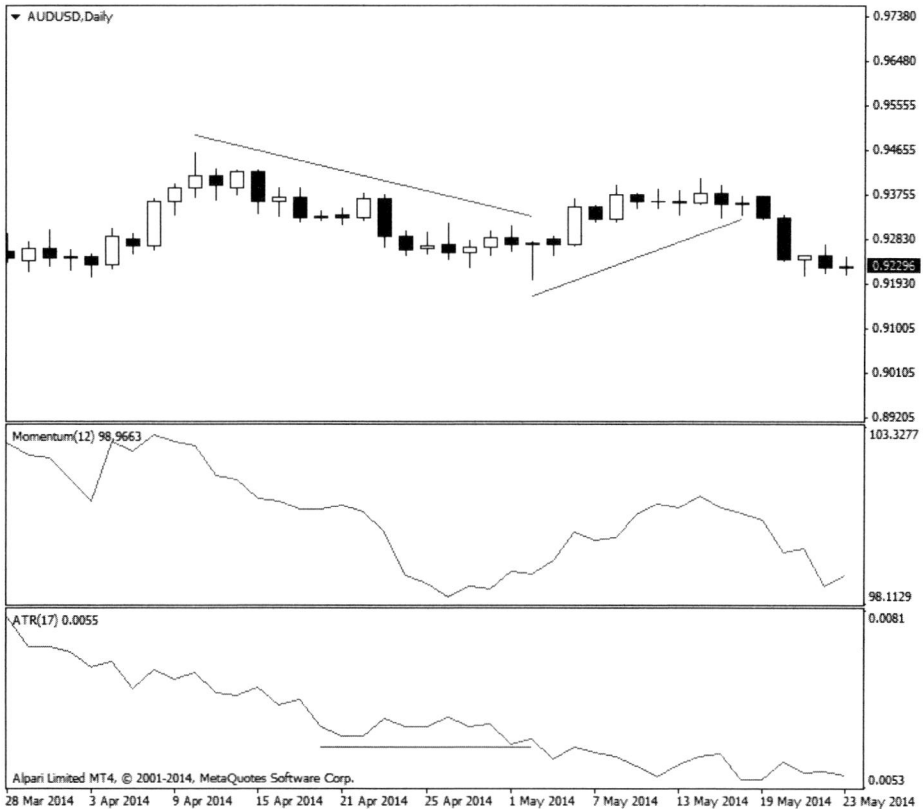

图5-2   额外添加ATR

5.2.2   相对强弱指数

相对强弱指数是另一项基于动量的领先指标。相对强弱指数(RSI)是技术

分析中最重要的概念之一。

相对强弱指数的核心理念在于,计算固定时段内涨幅与跌幅的比率,以便将

它换算为0到100以内的震荡指标。除了能够衡量动量以外,RSI 线还可以指示走

势的结束点, 因为我们认为动量比价格提前结束。

其公式先计算相对强度, 即用收盘价高于开盘价天数的14时段指数移动平均线, 除以收盘价低于开盘价天数的14时段指数移动平均线。请注意, 14时段是威尔斯·威尔德提出的时间, 之后的改编者还建议采用9时段和25时段; 此外, 交易者可以使用历史汇价对不同参数进行回测, 以得出最适合某货币对、某时间周期的参数。

例如, 某外汇对收盘价在14天中有9天高于开盘价。取9天的上涨平均值, 除以14 (而不是9)。取剩余5天的下跌平均值, 也除以14。用上涨天数的平均值除以下跌天数的平均值, 即得到相对强度。

得到相对强度或RS后, 将它换算为以下震荡指标:

$$\text{RSI} = \left(100 - \frac{100}{1 + \text{RS}} \right)$$

RSI高于特定值 (建议70) 被视为超买状态, 低于特定值 (建议30) 被视为超卖状态。

相对强弱指标运用基本法则:

(1) RSI值在30以下: 超卖区;

(2) RSI值在70以上: 超买区;

(3) RSI作为趋势和震荡市场的识别指标;

(4) RSI作为建仓信号;

(5) RSI的底背离与顶背离;

(6) RSI的突破信号。

图5-3为基础RSI (窗口底部)。圆圈处显示货币进入超买状态并可能下跌。

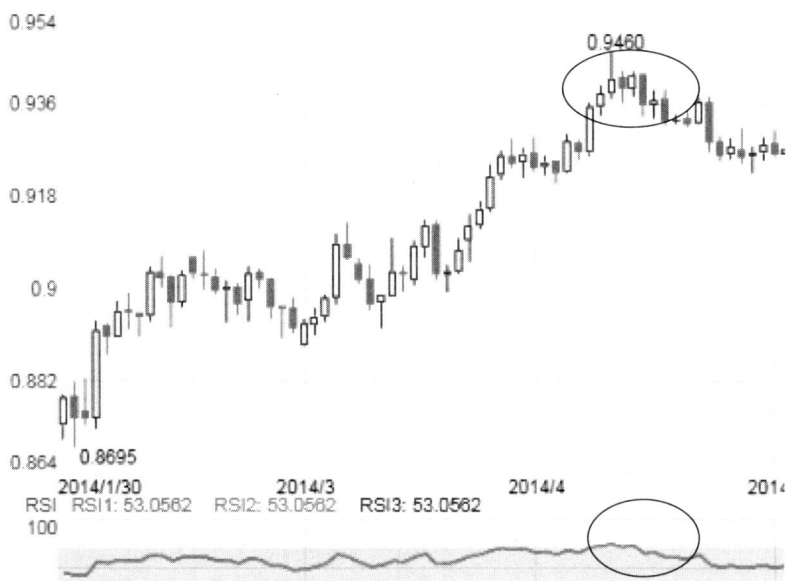

图5-3　基础 RSI

　　RSI的另一项用途是用来识别背离位置，即指标开始下行，但价格仍在上行的位置。另一种背离是价格创下新高或新低，但RSI尚未验证。RSI可能达到更高点，但不是近期的最高点。这两种情况下，背离是在提示走向即将改变。基于背离的交易决策具有很强的可靠性。

　　另外，RSI还可以识别即将出现的逆转，被威尔斯·威尔德称为"失败摆动"。如果RSI首先下穿30超卖位，然后反弹回30以上，然后再跌至其下，这种情况被称为"失败摆动"。之后，RSI上穿30且坚守该位。可以预计价格可能出现向上反弹。图5-4为澳元兑日元（AUDJPY）的经典失败摆动和RSI。

　　空头失败摆动即为镜像。RSI在高于70的位置达到顶点（例如75），接着下跌至70以下（例如60），即失败点，然后再次到达顶点（虽然未能到达之前的顶点75）。未能达到前一个顶点标志着失败摆动可能已经形成，而且交易者将希望以RSI跌至70以下时的价格卖出。

图5-4 澳元兑日元（AUDJPY）的经典失败摆动和 RSI

交易者也可以将RSI作为其他指标比如移动平均线交汇点的验证指标。最后，交易者也可将RSI结合图表形态，例如双重顶、头肩形态等进行分析。交易者甚至可以在RSI指标上绘制支撑线和阻力线，这并不奇怪——毕竟，这项指标上的价格数据与普通图表上的价格数据相同，只不过略有调整。

5.2.3 动量指标的背离交易

将背离理念作为交易指标的历史已有几十年，而且这一理念得到了平滑异同移动平均线（MACD）发明者杰拉德·阿佩尔（Gerald Appel）的推广。近年来，背离交易已经被更频繁地作为一种独立或近乎独立的技术而提起。

在外汇交易中，背离是指价格背离技术指标，而不是指价格背离交易量。背离也可以指一种外汇对的价格背离另一种外汇对的价格。这三者均能被称为"背离交易"。

　　经典背离交易的核心理念是指动量引导价格。当动量逆转方向时,我们预计价格也将跟着逆转。如果价格上涨而动量开始下跌,这说明我们遇到了一个空头背离。当价格下跌而动量开始上涨,这说明出现多头背离。背离越大,价格跟随动量的可能性也越大。背离的持续时间越长,最终的价格逆转概率越大:背离几小时可能没有意义,但背离几天或几周将更加可靠。如果交易者根据与价格方向相反的动量而创建新头寸,这意味着交易者面临着极大的风险,而且时间周期越短,意味着风险越大。

　　最后,我们将常用的指标进行汇总,方便大家学习掌握。

表5-2　指标名称汇总

类　　型	指标名称		推荐指数	联动指标
	指标中文名	指标英文名		
成交量指标	资金流量指数指标	Money Flow Index		RSI
	能量潮指标	On Balance Volume		
	离散指标	Accumulation/ Distribution		
趋势 指标	移动平均线指标	Moving Average	★★★★★	
	抛物线状止损和反转指标	Parabolic SAR	★★	
	标准离差指标	Standard Deviation	★★★★	
	平均方向移动指标	Average Directional Movement Index	★★★★	
	保力加通道技术指标	Bollinger Band	★★★★★	
	商品通道指标	Commodity Channel Index	★★★	

类　　型	指标名称		推荐指数	联动指标
	指标中文名	指标英文名		
震荡指标	移动平均震荡指标	Moving Average of Osillator		MACD
	相对强弱指标	Relative Strength Index	★★★★★	
	相对活力指数指标	Relative Vigor Index	★★★★	
	随机震荡指标	Stochastic Oscillator	★★★★	
	平均真实范围指标	Average True Range	★★★★	
	熊力震荡指标	Bears Power	★★	
	牛力震荡指标	Bulls Power	★★	
	DEM 指标	DeMarker	★★	
	包络指标	Envelops	★★★★	
	强力指标	Force Index	★★	MA
	一目平衡表指标	Ichimoku Kinko Hyo	★★★★	
	移动平均汇总 / 分离指标	MACD	★★★★	
	动量索引指标	Momentum		
	威廉指标	Williams' Percent Range	★★★★	
比尔威廉指标	震荡加速指标	Accelerator Oscillator		
	鳄鱼指标	Alligator	★★★	
	振荡指标	Awesome Oscillator	★★	
	分形指标	Fractals	★★	Alligator

5.3　情绪指标

情绪指标是指能够反映市场波动的函数，这类指标可以通过金融衍生品的价格变化，帮助现货交易者更好地理解市场。

5.3.1　什么是VIX指数? VIX指数的历史发展

1986年, 梅纳赫姆·布伦纳教授和丹·盖莱教授发表了一篇论文, 研究内容是预测市场波动性, 为了预测市场波动性, 他们提出了VIX指数的原形——西格玛指数。

1993年芝加哥期货交易所开始计算并公布此指数。这是芝加哥期权交易所用于衡量标普500指数期权隐含波动率的一个指数。

2003年芝加哥期权交易所调整指数算法, VIX指数每日计算, 代表市场对未来30天的市场波动率的预期。指数越高, 表示市场预期未来股价指数的波动性越剧烈; VIX指数越低, 表示市场认为未来的股价波动将趋于缓和。

更直白一点: 假如今天VIX指数为20, 就意味着市场普遍预期未来30天, S&P500指数的年化波动率为20%。

外汇市场普遍关注的波动率指标有两个。一个是货币对的日线涨跌幅, 另一个是从期权市场推算出来的隐含波动率。而期权市场的隐含波动率反映了交易员对未来波动性的预期。

波动率是金融资产价格的波动程度, 是对资产收益率不确定性的衡量, 用于反映金融资产的风险水平。波动率越高, 金融资产价格的波动越剧烈; 波动率越低, 金融资产价格的波动越平缓。

波动率的分类, 主要分为四类: 实际波动率、历史波动率、预期波动率及隐含波动率, 下面将逐一进行分析。

(1)实际波动率

实际波动率又称未来波动率, 它是对期权有效期内波动程度的度量, 由于回报率是一个随机数, 因此实际波动率永远是一个未知数。或者说, 实际波动率是无法事先精确计算的，人们只能通过各种办法得到它的估计值。

（2）历史波动率

历史波动率是指在过去一段时间内所表现出的波动率，它由标的资产市场价格过去一段时间的历史数据（即St的时间序列资料）反映。

这就是说，可以根据St的时间序列数据计算出相应的波动率数据，然后运用统计推断方法估算回报率的标准差，从而得到历史波动率的估计值。

显然，如果实际波动率是一个常数，它不随时间的推移而变化，则历史波动率就有可能是实际波动率一个很好的近似。

（3）预期波动率

预期波动率是指运用统计推断方法对实际波动率进行预测得到的结果，并将其用于期权定价模型，确定出期权的理论价值。因此，预期波动率是人们对期权进行理论定价时实际使用的波动率。

这就是说，在讨论期权定价问题时所用的波动率一般均是指预期波动率。需要说明的是，预期波动率并不等于历史波动率，因为前者是人们对实际波动率的理解和认识，当然历史波动率往往是这种理论和认识的基础。

除此之外，人们对实际波动率的预测还可能来自经验判断等其他方面。

（4）隐含波动率

隐含波动率是指期权市场交易者在进行期权交易时对实际波动率的认识，而且这种认识已反映在期权的定价过程中。从理论上讲，要获得隐含波动率的大小并不困难。

由于期权定价模型给出了期权价格与五个基本参数（St，X，r，t-t和σ）之间的定量关系，只要将其中前四个基本参数及期权的实际市场价格作为已知量代入期权定价模型,就可以从中解出唯一的未知量σ,其大小就是隐含波动率。因此,隐含波动率又可以理解为市场实际波动率的预期。期权定价模型需要的是在期权有效期内标的资产价格的实际波动率。相对于当期而言,它是一个未知量,因此,需要用预期波动率代替,一般可简单地以历史波动率估计作为预期波动率,但更好的方法是用定量分析与定性分析相结合的方法,以历史波动率作为初始预测值,根据定量资料和新得到的实际价格资料,不断调整修正,确定出波动率。

也就是说,它是一个用来衡量波动率的指标。

5.3.2　预警市场潜在风险

波动率在金融衍生品的定价、交易策略及风险控制中扮演着相当重要的角色。可以说没有波动率就没有金融市场,但是,如果市场波动过大,而且缺少风险管理工具,交易者可能会担心风险而放弃交易,使市场失去吸引力。

VIX指数的设计初衷是为了预警市场潜在风险,因此常被交易者作为仓位增减的重要依据。而由于该指数可以反映交易者对未来股价波动的预期,并且可以观察期权参与者的心理表现,也被称为"恐惧指数""交易者情绪指标"和"市场波动率晴雨表"。

举个例子:2004年至2007年美国金融市场经历了一段相对平稳的时期,VIX指数也处于低位,2008年爆发的金融危机重创美股,2008年至2009年初,标普500下跌56%,同时VIX 数一度飙破80,逼近平均水平的四倍。

VIX指数可以直接交易吗? 当然可以, 不但可以, 还有人利用它一日大赚近2 700万美元。2017年5月16日之前,VIX指数一直在低位徘徊,甚至一度跌至10以下,创下24年来低位。但有买家无视VIX指数的低位,自2019年12月起有位买家以50美分的价格一路狂买VIX看涨期权, 因此得名"50美分"。

到2020年3月底, "50美分"的亏损已达7 500万美元, 到5月初VIX指数创下低点时, 其亏损已达8 900万美元, 但即便如此, 他仍未改变买进VIX看涨期权的手法。而后的三个月, 每一次"50美分"出现在VIX期权市场上, 随之而来的是VIX指数的攀升, 就在2017年5月17日, 美股出现重挫, VIX指数当日大涨, "50美分"浮盈近2 700万美元。但是此后几个月, VIX指数又不断下滑, 如图5-5所示。

图5-5　VIX波动率指数

5.3.3　VIX指数和它的波动率"小伙伴们"

VIX指数是最为常见的波动率指数, 此外, 芝加哥期权交易所还推出了针对美国股指、利率、商品相关的ETF和外汇期货的波动率指数。除VIX指数之外, 针对美国股指的波动率指数还有: 标普100波动率指数 (VXO)、纳指波动率指数 (VXN)、罗素2000波动率指数 (RVX)、短期波动率指数 (VXST)、3月期波动率指数 (VXT) 和中期波动率指数 (VXMT) 等。

　　10年期美债波动率指数（TYVIX）和利率掉期波动率指数（SRVIX）则是衡量利率波动率的指数。TYVIX指数衡量的是10年期美债期货价格的30天市场预期波动性，当10年期国债和期货价格大幅波动，特别是大幅下跌时，TYVIX指数很多时候都呈现上涨趋势。SRVIX指数是第一个衡量利率掉期市场波动率的标准化产品，使得交易利率掉期市场更为简单化，目前该市场已经成为最大的场外衍生品市场，名义资金高达数万亿。

　　欧元波动率指数（EUVIX）衡量欧元相关的期权的隐含波动率，如图5-6所示。

图5-6　欧元波动率指数示意图

　　同样的，芝加哥期权交易所也有针对金、银、原油ETF的波动率指数：黄金ETF波动率指数（GVZ）、白银ETF波动率指数（VXSLV）和原油ETF波动率指数（OVX），分别以全球最大的黄金ETF基金SPDR Gold Shares、最大的白银ETF基金iShares Silver Trust和美国石油指数基金（USO）为衡量标的。

　　交易者如何使用VIX指数呢？VIX指数的第一种用法类似于震荡指标。如果从VIX是否过高或者过低的角度看，VIX有点儿类似于震荡指标，比如KDJ、ATR等。

过去50年的经验表明，高波动率之后往往伴随着低波动率，当VIX指数位于低位并回升到平均水平的时候，也往往是市场开始抛售的时候；而VIX处于高位并开始掉头向下往往是市场触顶的迹象。

我们做过一个实验，从1993年到2010年，VIX指数如果一天涨幅能超过20%，我们第二天就在股市做出反向操作，也就是说，如果VIX涨幅超过20%，我们第二天就卖出；如果跌幅超过20%，第二天我们就买入。如此操作，从1993年到2000年间，我们的成功概率是60%。

实验结果推演到外汇市场也同样成立，当市场出现恐慌情绪时，往往也是美元即将上涨的时候。因此，VIX超过30可以考虑买入避险属性的货币兑其他货币。当交易者发现市场处于极度乐观或者极度绝望时，不妨看看VIX是否蕴含着变数。

欧元波动率指数（EUVIX）等外汇波动率指数也可采用类似的交易思路。交易者还可以根据近几年的外汇市场情况进行统计，并将结果应用在交易策略中。

VIX类的交易有几大特点：第一，VIX具有择时能力，在现货交易中，通过VIX增强我们对市场转折的发现；第二，交易者可以利用VIX产品，以更低的资金占用、更小的副作用交易波动率。

从风险管控的角度来讲：第一，做空VIX类产品可以增强原交易品种的组合收益；第二，VIX在极端环境中涨幅巨大，可以对冲极端下跌环境中价格下跌、相关性升高的风险。

5.4　多时间周期分析

多时间周期分析理论，具有非常强的可操作性，使用频率也比较高。

5.4.1 道氏理论起源与发展

道氏理论的发展不是一蹴而就的,这既保证了道氏理论建立在足够长的历史数据上,也促进了道氏理论能够与金融市场的发展不断融合。可以说,道氏理论是经过时间检验的理论。道氏理论的精髓就在于其是围绕"大势"展开。

查尔斯·道所在的那个年代缺乏必要的信息收集与处理工具,与今天相比明显处于所谓的"慢时代",不过利弊相参,最大的好处就是交易者可避免市场的近距离催眠。当交易者面对一个瞬息万变的市场时,心必然随之波动,这必然会影响交易者的客观判断。

1896年查尔斯·道创立了道琼斯工业指数,次年道琼斯运输指数诞生,查尔斯·道因为健康原因去世时,他手头可以利用的两种股价指数只有5年,所以他只是建立一个大势分析工具,这就是股价指数,通过指数化来展现趋势的变化。

威廉·彼得·汉密尔顿是一位道氏理论掌门继任者,他早年也是查尔斯·道的得力助手,他开始就股票指数用来进行股票市场本身的推断。1902—1929年,汉密尔顿对查尔斯·道的指数理论进行了丰富的实践,并坚持进行记录。

汉密尔顿在长年累月的记录中逐渐发现了一些市场结构,这就是市场三阶段结构,也称市场三重结构。这一发现与波浪理论的创始人拉尔夫·尼尔森·艾略特及K线的创始人本间宗久的发现不谋而合。

市场三阶段结构:主要趋势、次级折返、日内杂波,分别见图5-7、图5-8及图5-9。

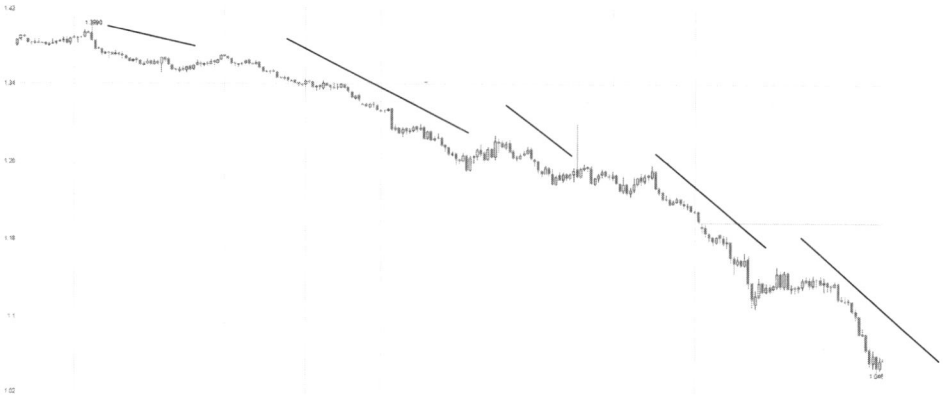

图5-7 欧元兑美元(EURUSD)走势中的主要趋势运动

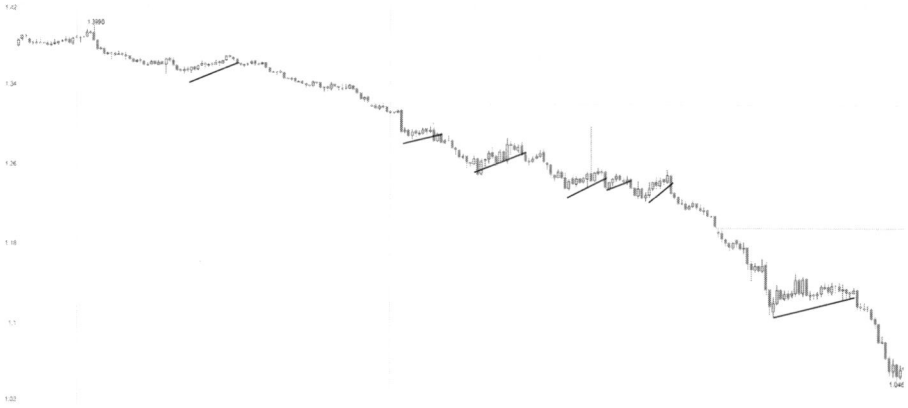

图5-8 欧元兑美元(EURUSD)走势中的次级折返

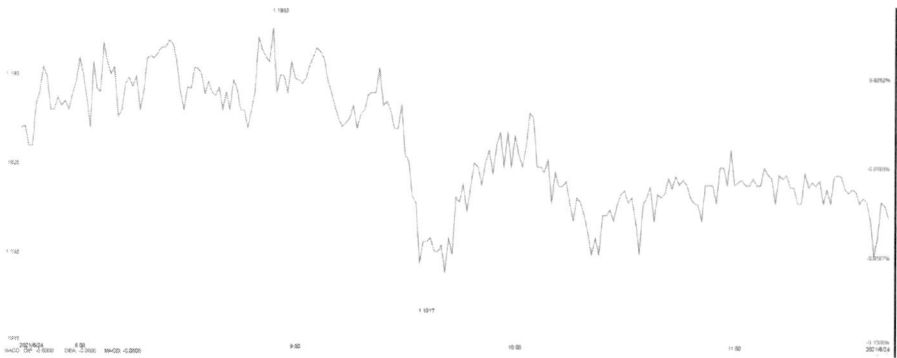

图5-9 欧元兑美元(EURUSD)走势的日内波动

　　至此，道氏理论并没有被完整建立起来，但基本框架已经清晰。到了罗伯特·雷亚才开始有了道氏理论的完整版本。

　　雷亚对道氏理论的概念进行梳理与定义，明确阐述道氏理论的基本原理，汉密尔顿对道氏理论进行了足够长时间的实践与运用，从实践中已经能够看到道氏理论经得起时间的验证。

　　雷亚进一步沿着汉密尔顿开辟的实践道路前进，"为了让研习者能够真正掌握道氏理论，必须认真观察和琢磨指数的走势图，找出其中不符合道氏理论模式的特例。通过这样的对比分析，经过一段足够长的时间之后，研习者就能够获得解读未来趋势的能力。"

　　雷亚认为，这种坚持不懈阅读走势图的习惯对于培养解读大势的能力非常重要。就外汇交易者而言，每天坚持看货币对的不同级别走势图对培养趋势的感觉非常有效。

　　雷亚去世之后，道氏理论的研究不仅仅将趋势搁置一边，更为重要的是道氏理论开始忽视长期的实践。杰克·施耐普的出现改变了这一局面，他开始加入流动性和宏观经济元素并坚持实践。这也说明了只有通过实践才能找到真正可以提升交易者交易绩效的可靠理论，也才能经得起时间的考验。

　　在趋势的分析过程中，不仅技术分析会帮助交易者，基本面也能够有助于交易者，这是交易者从道氏理论的发展中得到的最大财富之一。在外汇交易的趋势识别中交易者需要利用这些道氏理论遗产的力量。

5.4.2　道氏理论的假设与定理

　　道氏理论的成立需要一些基本的假设，这并不是说道氏理论本身不成立，而是将其放在一个更有代表性的平面上展开论述。

1. 道氏理论的假设

假设1：

平均价格包容消化一切因素，市场价格以三重运动形式推进。这是道氏理论第一大基本原理，市场价格的运动并非随机的，而是以三种同时出现的形式运行的：

(1)主要趋势：外汇市场的主要趋势相对容易被预测的，持续数月至数年。

(2)次要趋势：外汇市场的次要趋势容易受消息等影响，持续数周至数月。

(3)日常波动：外汇市场的日常波动随机性强，持续数分钟至数日。

假设2：

价格包含一切市场信息。在当前的价格水平上，市场上所有的卖方和买方已经充分表达了自己的交易意愿，市场达到均衡状态，这进一步反映了市场参与者消化了所有的市场信息。这里的信息是指和价格走势相关的一切信息，交易者通过这些信息来做出买卖决策。这个假设意味着市场上所有的参与者都可以充分获取市场信息，当市场中出现新信息时，它会立即被市场消化。

假设3：

历史会重演。这一假设意味着交易者可以利用技术分析的方法去分析和预测价格走势，从而做出交易决策。这一原理对于技术分析者来说至关重要，因为技术分析就是依据过去的价格走势来预判未来的价格走势。历史之所以会重演，是因为市场上参与者的心理会表现出惊人的规律性，人类心理有其特性，正如江山易改，本性难移。而人类心理对市场价格起着决定性作用，因而这个规律性会反映在价格走势上，市场价格便会出现"重复式"走势。

2. 道氏理论的定理

定理1：

道氏理论的三种走势：任何市场都有三种趋势，在外汇市场中，短期趋势持续数分钟至数日；中期趋势持续数周至数月；长期趋势持续数月至数年。这三种趋势必然同时存在，彼此的方向可能相反。

长期趋势最为显著，也最容易辨认和归类。中期与短期趋势都附属于长期趋势中，唯有明白它们在长期趋势中的位置，才可以充分掌控它们，并从中获利。

中期趋势是投机交易者主要考虑的因素。它与长期趋势的方向可能相同，也可能相反。如果中期趋势严重背离长期趋势，则被视为次级折返或修正。次级折返走势必须谨慎评估，不可将其误认为是长期趋势的改变。

短期趋势最难预测，短线交易者会随时考虑它。

定理2：

主要走势代表整体的基本趋势，通常被称为多头或空头市场，持续时间可能在一年以内乃至数年之久。正确判断主要走势的方向，是交易行为成功与否的最重要因素。没有任何已知的方法可以预测主要走势的期限。

定理3：

次级折返走势是多头市场中重要的下跌走势，空头市场中重要的上涨走势。在此期间内折返幅度为前一个次级折返走势结束后主要走势幅度的33%～66%。次级折返走势经常被误认为是主要趋势的改变，因为多头市场的初期走势显然可能只是空头市场的次级折返走势，相反的情况则会发生在多头市场出现顶部后。

一个走势究竟属于次级折返走势还是主要趋势的结束，交易者很难甚至无法判断，只能等待时间的证明。相对主要趋势而言，次级折返通常有暴涨暴跌的倾向。

5.4.3 道氏理论对趋势的定义

上升趋势：由一系列连续的涨势构成，每一段涨势都持续向上穿越先前的高点，中间夹杂的下降走势都不会向下跌破前一波跌势的低点。总之，上升趋势是由高点与低点都不断垫高的一系列价格走势构成的，如图5-10所示。

图5-10　欧元兑美元（EURUSD）日线图的上升趋势

下降趋势：它是由一系列连续的跌势构成，每一段跌势都持续向下低过先前的低点，中间夹杂的反弹走势都不会向上穿越前一波涨势的高点。总之，下降趋势是由低点与高点都不断下滑的一系列价格走势构成的，如图5-11所示。

图5-11　欧元兑美元（EURUSD）日线图的下降趋势

主要趋势运动是道氏理论核心所在，主要趋势运动的持续性相对较强，交易者通过极少的交易次数、较低的时间成本，就能把握大段的利润。

外汇市场的不确定性比股票市场更大，基本面、消息面、技术面均持续变化，因此，在汇价波动中寻找相对确定性的难度要大得多。

次级折返对于外汇交易者会构成最大的威胁，同时，那些能够将次级折返与主要趋势运动区分开来的交易者也将获得最多的交易机会。次级折返常常会干扰交易者对市场趋势和主要趋势运动的识别。次级折返运动的速度很快，较主要趋势而言运动更快。

5.4.4　多时间周期分析

许多交易者发现，如果在三个不同的时间周期试探价格行为，而且仅在三种周期达成一致后交易，亏损交易数量将减少，总交易数量也会减少。

时间周期的具体组合选择也尤为关键。

在外汇中,很大一部分交易者是日内交易者,或仅持仓数个交易日,而且最常用到的时间周期组合是:15分钟(M15)、1小时(H1)、4小时(H4)。另一个常用设置是:5分钟(M5)、15分钟(M15)、1小时(H1)。

案例分析:

图5-12为英镑兑美元(GBPUSD)15分钟图。英镑兑美元(GBPUSD)正在强势上涨。交易者应该为了进一步的涨幅而买入吗?虽然MACD显示它仍有上涨空间,但中间窗口的随机指标表示,该时间周期内的英镑兑美元(GBPUSD)已经处于超买状态。

图5-12显示,交易者已经赶不上本轮走势了。

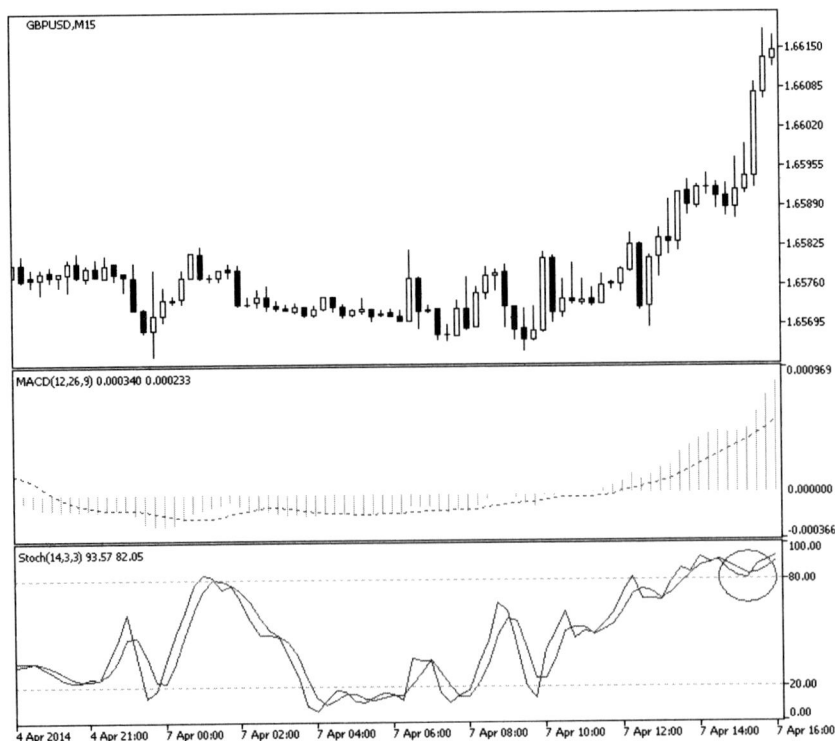

图5-12　英镑兑美元(GBPUSD)15分钟时间周期

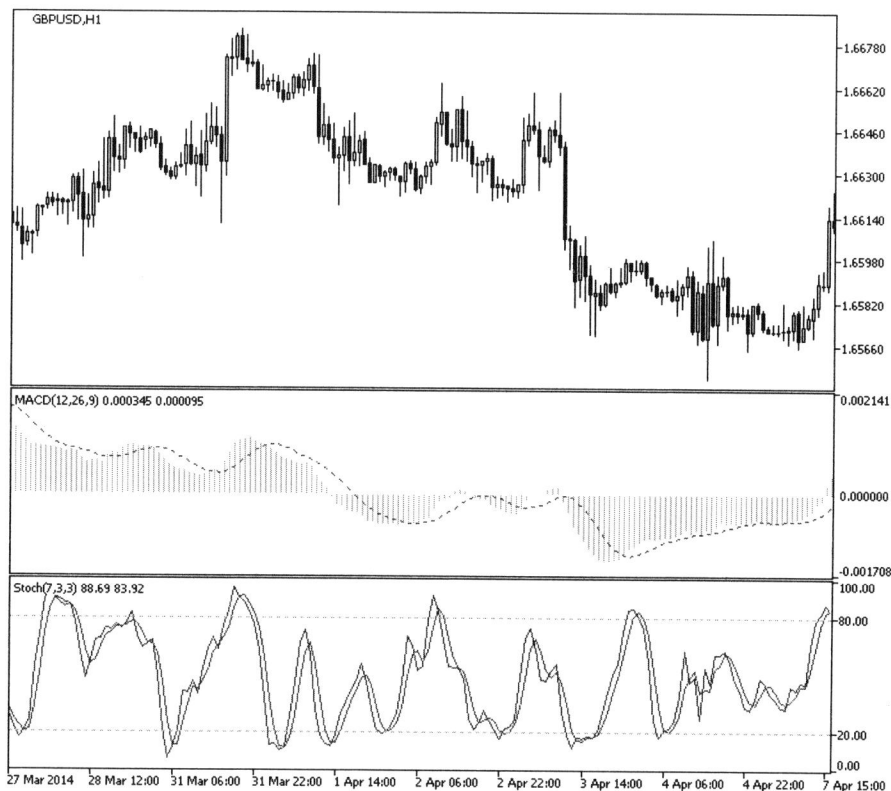

图5-13　英镑兑美元（GBPUSD）1小时时间周期

如图5-13所示，根据H1时间周期图上的随机指标，英镑兑美元（GBPUSD）也已进入超买状态。

最后，图5-14为四小时（H4）图。图中加入了斐波那契数列，并显示回落略低于62%的回调位。因此可能会出现强劲的向上反弹。有多强劲呢？至少会反弹至阻力线。

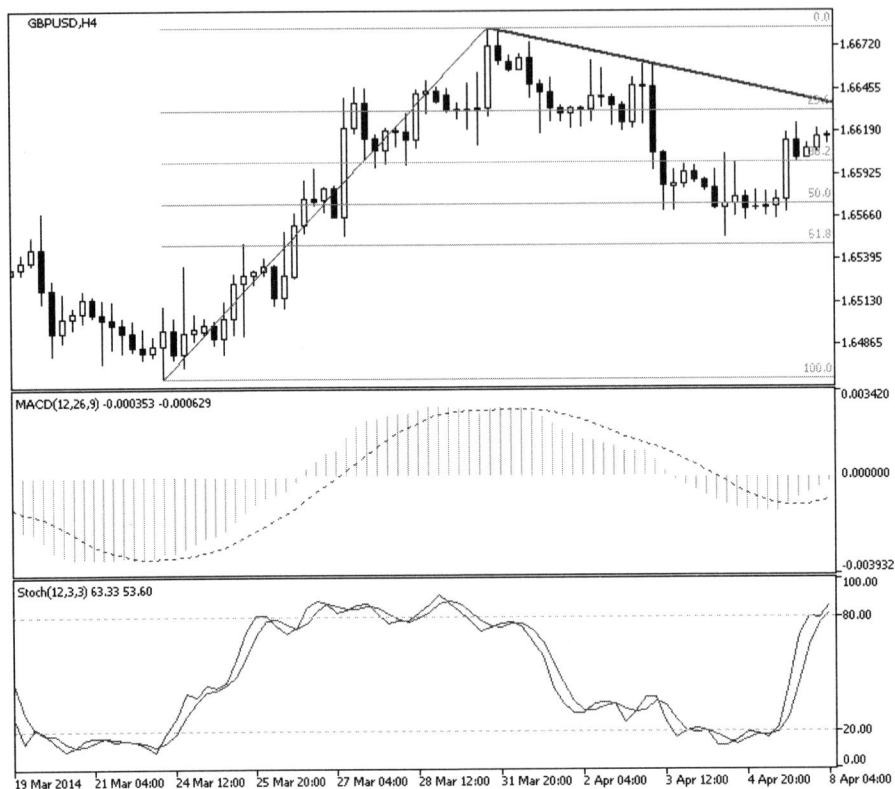

图5-14　英镑兑美元（GBPUSD）4小时时间周期

H4时间周期显示英镑兑美元（GBPUSD）仍有上涨空间，交易者应该买入GBP吗？如表5-3所示。

表5-3　英镑兑美元（GBPUSD）交易分析

	15分钟	一小时	四小时
随机指标	否，已超买	否，已超买	否，已超买
MACD	是	是	是

本例中，指标（MACD）在所有时间周期上达成一致，认为买入英镑兑美元（GBPUSD）是好的交易。理想情况下，交易者希望另一项指标与MACD达成一致，也可以单一指标作为交易依据。

如果交易者相信随机指标，则走势已经进入超买状态，而且随时都可能结束。因此，如果交易者做多英镑兑美元（GBPUSD），则需要迅速离场。但手绘阻力位为交易者提供了盈利目标。

使用多个时间周期是一项用来减少错误的技巧。经过一段时间的练习，交易者可以很快地学会在图表的不同时间周期之间切换。如果使用趋势跟随指标，多时间周期在价格进入趋势状态时效果最佳。

5.5　交易量分析，CFTC报告

用外汇市场的交易量作为交易信号一直是非常困难的。各个交易商提供的交易量信息都有存在片面和误导性的可能。CFTC报告是市场持仓量较为客观的分析工具。

除节假日以外的每周五，美国政府机构商品期货交易委员会（CFTC）会公布一份关于多种货币、商品和利率期货的交易者持仓报告（COT）。该报告显示的是截至上周二，不同交易者的显著持仓量。

交易货币包括所有主要货币（欧元、英镑、日元等）及一些次要货币（巴西雷利尔、墨西哥比索、俄罗斯卢布等）。

COT报告是外汇市场中唯一面向公众的持仓信息报告，因为外汇主导行业——银行间即期市场主要由私有交易构成并且不对任何政府机构公布（有些央行定期从大型银行收集数据，但从不对外公布）。

虽然每日5万亿美元的期货成交量仅占即期外汇交易的极小部分，但COT报告提供的持仓见解却是非常稀有和珍贵的。

如果在芝加哥商品交易所（CME）占比X的交易者做多一种货币，按照逻辑推理，即期市场中的交易者也可能采用相似的头寸。如果CME的头寸得以延续（超买或超卖），则整体交易市场的头寸也可能得以延续。

CFTC公布出来当周的持仓报告后，投资者可以对比上一次报告中的持仓增减变化、各类持仓所占比例变化、交易商数量变化等，以此作为自己投资方向判断的重要标准之一。

交易者可以通过研究七种主要货币（EUR、JPY、GBP、CAD、AUD、CHF、NZD）的美元等价持仓量，衡量市场对美元的整体情绪。

5.5.1 报告持仓

CFTC报告里的总持仓量有两种分类方式，一种是老的分类方式，把持仓量分成报告持仓和非报告持仓，如表5-4所示。

表5-4　CFTC报告分类方式

报告名称	解释
报告持仓（Reportable）	包括商业性持仓、非商业性持仓和套利持仓
非报告持仓（Non-reportable）	分散的小规模投机者持仓数据，但这里说的分散的小规模投机者，并不是指小散户，而是公司的财政部门、小型银行、发行房贷的公司、信贷公司和一些著名的中小型交易商

1. 商业性持仓

商业性持仓（commercial）类的交易商一般被认为同时从事跟现货有关的业务，有可能是以规避风险为目的的套期保值者。

商业型交易商究竟是谁呢？严格地说，他们是持有与核心业务相关货币头寸的企业。他们并不喜欢做多外汇头寸。

如果交易者是一位面向墨西哥市场的小工具制造商，进口商用比索向交易者付款。为了保障收入来源，交易者希望一旦确认订单规模就立刻在期货市场中卖出比索。实际上，在交易者为进口商提供产品的比索报价前，交易者或许已经查询过付款日的期货价格。

当交易者设置好卖出比索的订单，交易者不再关心比索的价格走向。如果它下跌，交易者售出的期货能保障交易者拿到固定价格。如果它上涨，交易者可能会亏损，但可以在现货市场获利。

商业型交易商的盈利途径不是交易货币，例如本示例中的制造商，以买卖小工具为商业收入来源。如果此商业型交易商发现外汇市场中重大的上涨趋势，他们会减少比索空头合约，但会通过外汇交易来提高利润率并非他们的核心业务。

2. 非商业性持仓

非商业性持仓（Non-commercial）其中比较有代表性的是基金持仓。非商业性持仓一般被认为是以投机为目的的资金管理机构持仓。

要注意：无论是商业型还是投机型，这里定义的始终是交易商，而不是交易本身。因此，尽管高盛有许多投机型交易，但这类大型市场参与者依然为商业型。那些被指定为"商业型"的交易商通常可以获得更高的杠杆。

3. 套利持仓

套利持仓（Spreads）：同时持有同一个品种多头和空头头寸的交易者的净持仓。

2010年后，在CFTC报告中，又出现了新的分类方式，特别是在外汇期货中，总持仓项目以市场中的卖方与买方区分开来统计。

卖方持仓的统计中包括卖方的做市商/中间商，以美国的大型银行、券商为主，买方包括资管公司和机构持仓、杠杆式的基金持仓、非报告持仓这几类。

卖方的做市商/中间商：这类市场参与者通常为客户提供结构性金融产品，在市场上的头寸有可能是结构性产品定价中所必须执行的，也有可能是对冲风险的一部分。

统计买方持仓中的数据，一般主要关注资管公司和机构持仓、杠杆式的基金持仓、非报告持仓。

资管公司和机构：这类是机构交易者，包括捐赠基金、养老基金、公共基金，还有以机构客户为主的投资管理公司。

杠杆式基金：以对冲基金和各种资产管理公司为主，包括以商品策略为主的基金，也包括自营交易公司。

5.5.2　非报告持仓

非报告持仓：此类包括公司的财政部门、小型银行、发行房贷的公司、信贷公司和一些著名的交易商。因此，非报告类持仓被认为是市场投机交易的代表。

从2017年上半年的情况来看，用非报告持仓多头与空头变化的数据来判断接下来一周欧元期货价格走势，成功概率平均达到60%～65%。

然而，这两项并非对所有交易品种都起到领先指标的作用。由此可以看出，在外汇市场中，即使是非报告持仓中相对中小型的参与者，也会对市场价格产生影响。

5.5.3　持仓量的变化

在CFTC报告里每个类别的参与者项下都会显示多头持仓、空头持仓、未平仓持仓和这几项持仓量的变化。

交易者关注多头头寸与空头头寸之间的净合约持仓量。如果非商业交易商的欧元多头合约为113 000份，欧元空头合约为60 000份，则其净头寸量为+53 000

份欧元多头合约。这种情况下，一份合约为125 000欧元，因此CFTC的投机团体持有的欧元多头头寸价值6 625 000 000欧元。

交易商往往对七种主要货币（日元、欧元、瑞士法郎、英镑、澳元、美元和加元）既进行单独研究，又进行整体研究。如果一种主要货币有100 000份净多头或净空头头寸，这通常被认为是延续信号。

同样，如果七种主要货币全部显示非商业型账户持有可观的净多头货币头寸（说明他们做空美元），这可能是一项示警信号。

例如，CFTC在2013年12月24日的头寸数据显示投机账户（非商业型）持有143 822份日元净空头合约，是自2007年7月以来的最大规模。12月24日，美元兑日元（USDJPY）收盘于104.25。

一周后，货币对达到顶点105.41，此时出现一些获利了结操作，令日元净空头头寸小幅下跌至135 288份合约，但日元仍然处于超卖状态。

截至2014年2月4日，美元兑日元（USDJPY）跌至100.76，日元净空头头寸已减少至76 829份合约。如果交易者认为12月底将延续日元空头头寸，应卖出美元兑日元（USDJPY）。

5.5.4 投机商头寸

外汇行业中的大型投机商为趋势跟随者。许多小型投机商亦是如此。他们是谁？大多数情况下是商品基金管理者及一些大型银行和交易商。有些交易者可能认为应该跟随资金管理者，但请记住，趋势跟随者通常会错过转折点。

更为重要的是，要发现商业型交易商或投机商的头寸何时大于近期数据，此时专业人士认为走势已经"延伸"或耗尽。这通常（即使不是惯例）预示着转折点即将出现。

　　为何关注投机商头寸？即使交易者就职于一家大型银行并且见到可观的客户流，这些数据仍不足以帮助他评估一种货币当前头寸的规模。

　　市场执行一笔大额欧元卖出定单并不一定代表市场参与者整体看空欧元。也有可能是市场参与者曾大量做多欧元，但目前已经平仓。

　　由于客户流数据可能具有欺骗性，而且许多市场参与者无法获得这些数据，交易者会寻找任何有助于他们了解市场倾向的方法。因此，他们喜欢关注CFTC的持仓数据及由交易所发布的报告。

第6章

制订交易计划

———○—————————————————○———

生活当中需要有计划，外汇交易的过程中更要有计划，要对自己的预期收益率、交易周期、风险管理等各种因素进行计划，只有这样，外汇交易才不至于混乱无序，无迹可循。

交易者如果缺乏关于交易哪些货币、设置什么交易频率、采用哪种时间周期及接受什么亏损风险等的具体计划，交易将变得很糟糕，例如仅仅简单地说"我要在一年内通过外汇交易将1万美元变成25万美元"，这极有可能是天方夜谭。

如果缺少具体计划，目标只是一个难以实现的空想。

6.1　选择合适的货币对

　　若要制订合适的交易计划，交易者首先要做的就是选择待交易货币，是欧元兑美元（EURUSD）或英镑兑美元（GBPUSD）等基准货币对，还是美元兑加元（USDCAD）、澳元兑美元（AUDUSD）等商品货币对？可以专注于一个货币对，也可视具体情况而增加交易品种。

　　因为对特定市场行情的判断，使得一些交易者倾向于选择交叉货币对，例如欧元兑日元（EURJPY）。当然，也有交易者会青睐涉及新兴市场的外来货币，如土耳其里拉、南非兰特，甚至是外来交叉汇率（里拉/兰特）。

6.1.1　波　动　率

　　波动率是选择交易外汇对的标准之一。交易者可以通过观察图表、在线查看波动率的历史数据及设计自己的Excel表格和应用标准差函数来研究波动率。如果交易者选择将波动率作为主要标准，请务必关注计划交易的时间周期中的数据。

　　一些外汇对可能具有较低的每日、每周波动率，但同时又具有较高的每小时波动率，那么如果交易者采用趋势交易策略，时间周期为中长期，这样的波动率对交易而言并没有益处。

　　所以，交易者一定要关注计划交易的时间周期，减少误差，从而做出更具有盈利可能的选择。

6.1.2　趋　　势

选择待交易货币的另一项标准是趋势。趋势的衡量是因人而异的。且方法还会随着时间的变化而变化，所以相对来说，趋势的判断并不容易。可以通过基本面分析、技术分析、情绪分析等方法来判断。

趋势交易者可以观察各种外汇对的图表以判断哪些时段的区间盘整交易最少且在大部分时间中都具有方向性；区间交易者可以找出那些宽幅波动或者趋势不明显的货币对进行交易。同样的，在关注趋势的同时也务必要关注自己的交易时间周期。

6.1.3　知识储备和见解

选择待交易的外汇对，还有一项比较重要的标准就是自身是否具有关于该货币对两个货币发行国基本面的知识和见解。举一个简单的例子，澳大利亚政府为降低其对矿业的依赖性，推动经济基础多元化，制订了一项清晰的计划，这项计划对近几年的利率和汇率都产生了深远影响，不仅在国际上产生了不小的波动，澳大利亚的部分政府人士也希望通过规劝措施使货币贬值，进而增强非矿业出口并达到其他目标。因此，交易澳元兑美元（AUDUSD）的交易者除了需要对美国的基本信息了如指掌，也要关注澳大利亚的近况。

对于一个国家基本面的知识储备和见解，不但能够建立交易者对一个国家货币的基本把握，更能够让交易者迅速做出判断，对外汇对有立体、准确的认识。

6.2　选择合适的时间周期

无论交易者事先做了多么高明的交易设置，交易时仍然要专注和认真。因此，可以随时关注市场的交易者可选取短时间周期进行交易，而无法随时应对市场变化的交易者应选择相对较长的时间周期进行交易。

6.2.1 生活中的其他活动

交易者对时间周期的选择，很大程度上取决于生活中的其他活动，甚至包括日常工作。在交易者的意向交易时段，如果因为日常工作而无法安稳、持续地关注屏幕，那交易者选定的交易时段就需要再多加考虑，甚至可以说是错误的。

举个简单的例子，如果交易者位于纽约时区，希望在该时区外汇交易最活跃、流动性最大的时段——美国东部时间（EST）8:30至11:00交易每小时图表。如果白天交易者需要进行工作，很容易想到，老板是不会同意你将一个上午的大部分时间用于私人账户交易的。在这种情况下，如果交易者等到19:00才回家，交易者将陷入活跃性更低、流动性更差的新西兰和澳大利亚外汇交易时段。如果这是交易者唯一有时间投入的交易时段，那么建议交易者选择交易纽元、澳元、日元为主的其他亚洲货币所组成的货币对。

当然，如果坚持要交易欧元兑美元（EURUSD），也不是没有解决方法，最直接的解决方案是将每小时周期改为每日周期。对于一位交易者而言，将大本营从地理位置上转移到更好的地点并不稀奇，甚至有的交易者为了进入欧洲时段特意将家从加利福尼亚州搬到了瑞士。

6.2.2 图表上传递的信息

选择时间周期的另一项考虑因素是图表上显示的内容。长线外汇交易者倾向于基本面分析，短线外汇交易者更乐于使用技术分析。不同时间周期的图表上，信息不尽相同。从逻辑上来说，如果一次明显的反转后面紧跟着出现一系列幅度较

大且价格更高的高点和低点, 出现在日线图中的重要转折点比出现在小时图上的
转折点确定性往往更强, 作用也更为明显。

这是因为在小时图上, 技术特征很容易随着上一级趋势的变动而被打破, 但
是如果出现在日线图上, 则具有更强的持续力。如果交易者无法在每小时图表上
找到趋势和形态, 别着急, 将时间放长远, 将周期延长, 总会发现隐藏的趋势和形
态等。

6.2.3　本　　金

选择时间周期的第三项考虑因素是交易者的本金, 这是很多交易者面临的非
常现实的因素。如果交易者拥有25 000~50 000美元较为充裕的本金, 那么相对
来讲, 交易者可以比较自由地交易包括每日周期在内的任何时间周期。

如果交易的本金较少, 例如有些交易者只有2 000~5 000美元, 交易者就应
该更谨慎地交易更短的时间周期, 例如四小时或者一小时, 当交易者离场时, 本金
不会遭遇太大的风险。

不仅如此, 如果交易本金对交易者的生活影响很大, 交易者选择长周期的概
率就会比较小。相反, 如果交易本金对交易者的生活没有太大的影响, 交易者无
须在交易过程中考虑资金的突然退出, 更容易选择长周期交易, 更不会受到浮动
盈亏的干扰。

6.3　选择合适的交易工具

有些技术工具比其他的工具更容易让交易者理解和应用。有些交易者喜欢形

态，而有些交易者却无法掌握形态或认为形态的可靠系数太低；有些交易者喜欢技术指标，而有些交易者喜欢"裸K"。从来不会有某一项或者哪一组技术指标适合所有货币或所有时间周期。所有指标都"有用"，这个"有用"是建立在成功概率的基础上的。而且并不是所有的方法对每一个交易者都有用。

如果让十位交易者处于同一个房间内，并且让他们用同一个图表和同一个指标交易，很可能会得到十种不同的结果。这并不代表收益最高的交易者是"正确"的，其他九位交易者是错误的。收益最高的交易者可能有更高的起始本金或风险偏好，随着市场的变化，交易者反映在盈亏上的表象很可能彻底改变。

选择技术工具的标准方法是在交易者的外汇对和时间周期上回测它们。例如，有的交易者可能喜欢MACD，那么交易者将用自己的交易货币在前X个时段测试以下假设，即"采用MACD（仅MACD）将导致哪些收益和亏损？"在技术分析的前期，交易者通常要花费无数个小时来进行回测。但回测有两个问题：

一是交易条件，尤其是波动率和趋势，将实时变化（因此交易者需要非常长的回测期才能涵盖这些内容）；

二是为了"契合"时段内的数据，它可能会诱使指标参数发生偏离。

由于这些问题，以及数据或者回测软件的缺乏，很多交易者选择跳过这一繁冗的过程，直接进行实盘交易。但实际上，回测依然是了解基于某技术指标的策略是否适合其货币对和时间周期的唯一方法。至少交易者应该正确通过往期的概率计算评估正确执行某交易决策的盈亏次数、盈亏可能性等。

技术选择的重要之处在于，没有哪种指标能总是百分之百正确，每种指标都有出错的时候。这是交易者必须接受的一项交易事实，但交易者通常无须接受一项出错频率高于成功频率的指标，除非盈亏比极其诱人。

6.4 选择盈利率

盈利率是评估交易策略的一项函数,后续的章节中也会进一步展开风险回报分析这一复杂话题。如果一位交易者的目标是通过一年的外汇交易将10 000美元变为250 000美元。为了实现这一目标,交易者需要确切地知道执行哪些交易才能获得足够的盈利。

举个简单的例子,如果交易者每笔都可以获得10美元的净收益(扣除亏损后),交易者总共需要执行25000笔交易或每日104笔交易,每年大约需要240个交易日,这显然是疯狂且不可实现的。那么如果每笔交易能盈利100美元呢?交易者总共需要执行2500笔交易或每天执行10.4笔交易。若要一年盈利250 000美元且每天仅执行1笔交易,这意味着交易者需要每日盈利1 041.62美元,这个难度就非常大了。

那么,哪种货币每天变动100多点并且适合交易者的技术指标呢?用10 000美元的起始本金盈利250 000美元对于新手交易者并不现实。此外,新手交易者很可能将在外汇交易中经历长时间的亏损期。这是一个必经的过程,每个交易者都是如此,没有例外。

为了评估交易者能够合理地预期多少回报率,交易者需要知道自己的盈亏比。如果是新手外汇交易者,并没有关于收益和亏损的记录,那么,只能通过图表来猜测它们可能的未来表现。

有些交易者称盈亏比为5∶1,这就意味着他们每亏损1美元可盈利5美元。这有可能是正确的,但这种正确性很难维持较长的时间。市场会很快发掘出超额收益的机会,从而导致它的效率更低(例如提前交易)。

实际上,3:1或2:1的盈亏比应该令交易者非常满意。即使是1.5:1的盈亏比也会让交易者获得不错的回报率——这高于"零风险"主权债券市场中的回报率。

交易者需要制定真实、实时的盈亏追溯记录,这正是交易计划需要动态监管的原因。例如,交易者可能想交易欧元兑美元(EURUSD),但鉴于交易者的交易时间及适合交易者的技术指标,其在交易澳元兑日元(AUDJPY)时可以获得更好的盈亏比。从长期来看,选择"适合"自己的交易并留在交易市场内最重要。

第 7 章

外汇市场交易策略

　　不同的市场类型有不同的交易风格，交易者的交易策略不能是一成不变的，要根据不同类型的市场适时调整，让自己的交易方式、交易风格与当前市场形态更好地匹配。本章将详细介绍几类不同风格的交易策略。

7.1 市场分类

当进行所有交易之前,首先要判断市场类型,即评估所见市场是趋势的还是区间震荡的,是低波动的还是高波动的,抑或是正在转换中的市场。

交易者首先要判断,交易标的处在趋势市场还是区间震荡市场。交易者可直观地分辨出市场是处于趋势还是区间震荡中。比方说,如果交易者入场后,美元兑日元(USDJPY)每天上涨100点,交易者很容易认为货币对正位于上涨趋势中。

同样的道理,如果数月内美元兑日元(USDJPY)一直在101~103波动,这将被视为区间震荡市场。

如果衡量趋势强度的RSI为70或高于70,这说明货币对处于上涨趋势中。RSI低于30说明趋势非常强烈,且为下跌趋势。如果RSI在50上下,说明货币对正在区间震荡。

类似地,如果RSI上升或MACD线走高,货币对似乎正处于趋势中。如果布林线变宽,说明这是趋势市场;而如果布林线收窄,则货币对可能正在区间震荡。更为简单的是,用趋势线和通道也可以直接看出市场是在单边趋势中还是区间震荡中。

一些情况下,一项重要数据带来惊喜,或者央行公布令人意外的决定,市场会突然向某一方向急剧变动。在此之后,市场参与者保持观望,并希望新消息公布之后再开始交易。这种意外状况可能只持续几天,或者长达一个月,平淡或窄幅区间震荡市场可能会出现。

套息交易往往在这种环境中发挥出色，因为交易者可以每天获得利息差异并且赚取利润，尤其是当基础外汇货币对保持稳定时。

平淡市场往往让外汇现货交易者抓狂，因为很难在这种环境中赚钱。在这种市场中，货币对的波动范围非常窄，这种市场通常出现在夏季假期，或全年各种假期及年底；年底时，交易者已获得这一年的收益，没人会建立可能引起亏损的交易。在交易清淡的时候，K线图的实体相对较小，其高点与低点的差距非常小。

随机市场可能出现在趋势市场中，但大多数时候是由令市场感到意外的突发情况引起的。例如，货币对欧元兑美元（EURUSD）走高，且所有动量指标显示价格上涨到1.4000，出现大量阻力点的位置。交易者认为该趋势会消失，或至少不超过1.4000。之后有意外消息公布，欧元突破1.4000，并进一步上探1.4200。

有时，外汇货币对会遇到关键反转日，这种情况出现在白天价格逆转时。例如，货币对可能向上突破前一日高点，这属于上升趋势，但之后货币对突然急跌。处理这类市场往往是现货交易员的难题，但是对于外汇衍生品交易员，可能意味着机会。

大幅波动的市场极为罕见，其推动力源于令人震惊的事件。在"黑天鹅"发生时，市场短时间建立大幅趋势。当交易者见到趋势形成后，又往往错过了最佳的入场点。如此动荡的市场，空仓即是最好的持仓方式。

7.2　短线交易

"短线"的含义是因人而异的，但在外汇交易中，"短线"是指周期低于一天的交易。它们通常发生于单个交易时段内，且单笔交易持仓时段持续6~8个小时。

短线交易的优势是非常明显的, 当平仓后, 不用承担任何风险。交易频率为每天一至两次, 且持有期仅持续数小时。而且, 仅投入少许时间即可让交易者在一天的剩余时间内远离市场。离场之后, 短线交易者无须被束缚在电脑屏幕前。

短线交易的缺点在于, 交易者可能害怕错失机会, 从而鲁莽操作或者在开仓条件不足的情况下操作。

大多数短线交易者基于价格行为"设定"交易而不是跟随趋势。实际上, 有些交易者并不想了解主要趋势, 以免这些趋势干扰他们的思维, 而有些交易者仅根据主要趋势的方向交易, 因为这是一种风险更低的途径。总的来说, 长期按照主要趋势的方向交易更有可能取得成功。

以欧元兑美元 (EURUSD) 小时图表为例。首先, 价格从低点升至高点, 然后向下回调, 且幅度略大于61.8%。交易者发现价格跌势已耗尽, 此时, 如果无法卖出则必须买入。当价格回升至50%回调位时, 交易者获得第一次买入机会。

当价格越过前一个最高点时, 交易者将获得另一次买入机会; 当价格越过最新的最高点时, 交易者会获得第三次买入机会。

作为短线交易的结局, 有可能很快获利, 也有可能出现价格大幅回落, 交易者只得止损离场。

不仅如此, 这里还应该提醒交易者, 形态也许能告诉交易者何时买入, 但它几乎从不告诉大家何时卖出。在每小时交易周期上, 交易者会发现一直移动止损是很难的, 更实用的交易管理方法是使用固定的止损位和目标位。

均线也是短线交易的常用辅助工具, 在新低点买入, 在新高点卖出, 然后重新在新低点买入, 直至趋势结束平仓。

7.3　中线交易

外汇中线交易的标准定义将从入场到离场的持有时间限制为1~5天。相比之下，对于股票交易者而言，将几天持有期称为"中线"似乎有些夸张。

中线交易与短线交易类似，但交易幅度不同。它限制了交易者的交易风险。与短线交易相比，中线交易能让交易者体验远离屏幕的轻松感。不必被高强度地束缚在电脑桌前，也无须"不得不"在几个小时之内进行交易。

短线交易虽然也会用到技术分析，但是会更关注技术指标，中线交易采用技术分析工具中任意一种或全部技术，包括支撑位与阻力位、技术指标（RSI、MACD、随机指标等）和形态等。

许多指标需要数小时以上的成型时间，包括支撑线与阻力线及一些形态（例如头肩形态）。交易者可以在5分钟图表上绘制一条支撑线，但它的可靠性低于在小时图或日线图上的支撑线的可靠性。如果在5分钟图表上见到头肩形态，可能真的出现了这种形态，也可能只是一种随机情况。

中线交易的一项有用特点是，可以结合多时间周期的图表及机制更好地进行止损与止盈。

例如，在英镑兑美元（GBPUSD）货币对周线图上，交易者见到双重底出现，可期待持续上行走势，而且当价格越过W形的中央高点时，这一论断已经得到证实，价格已持续上涨数周，是较为成熟的趋势。

当价格开始回落时，说明市场出现不确定性，而且多头势力可能减弱。

更重要的一点在于，新高点显然尚未出现，而且若正值纽约周五的中午。当天的新闻已经公布，因此出现新高点的可能性不大。同时，底部窗口的随机震荡指标显示英镑被严重超买，证明回调正在酝酿之中。交易者可以选择在高点做空。

K线图与随机震荡指标也共同显示了英镑兑美元（GBPUSD）日线图上有一个利好的卖出机会。

现在，交易者来查看4小时图表。交易者正在寻找临时下行趋势的结束点；结果有好几种可能性。

图表上有一条普通的支撑线，以及大幅上行突破的横向中点。

最后，查看1小时图。显示调整已达到38%斐波那契线。下一个窗口中的随机震荡指标显示英镑被超卖，但它下面的 MACD 还有一些下行空间。交易者可以在当前水平了结空单获利。

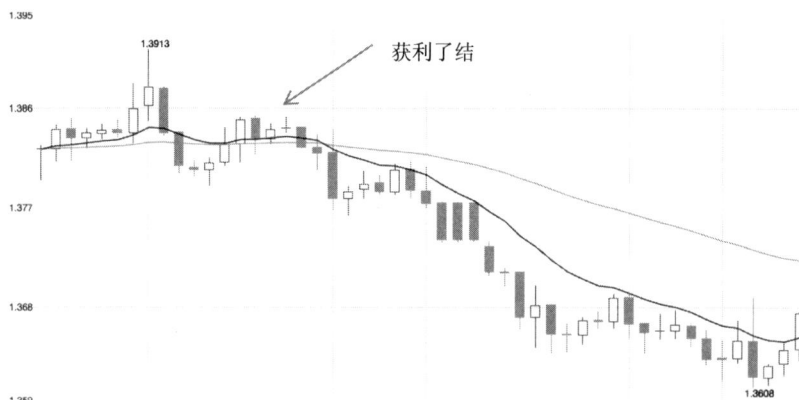

图7-1　获利了结

这是一笔典型的日内交易，而且即便从入场到离场的整个过程发生于同一天，它仍然被视为"中线"交易。它成为中线交易的原因是，交易者将迎接下一笔符合逻辑的交易——将延续数周的涨势，从而创建多头头寸。

此时，交易者可以进行一次彻底的转向操作，平仓后创建新头寸，在斐波那契回调位创建买入。

此外，交易者还应关注经济数据等尚未公布的新闻，而且不仅限于目标货币——英镑的新闻。交易者还需了解美元的整体行情，双方面的作用决定了英镑兑美元（GBPUSD）的消息面情况。

7.4　长线交易

长线是指超过一周，有时从入场到离场甚至可以达到数月的持有时间。长线交易的主要优势在于，一旦交易者确定趋势，无须频繁交易即可捕捉大方向上价格变动所带来的收益。交易者不仅节省交易成本，还节省时间。

长线交易的缺点在于，趋势永远不走直线，不但需要极大的勇气来等待无法避免的回调，还需要相信自己有能力区别普通回落和趋势逆转。

最重要的是，长线交易通常需要将基本面分析与技术分析相结合；这是一个复杂而具有挑战性的过程，但可能会使交易者不得不接受不同交易理念所形成的思维框架。

技术分析的本质是客观的统计分析，当图表显示的走势与主观出发的基本面分析存在分歧时，最好的解决办法是等待更合适的机会。对于大多数交易者来说，这可能很难做到。

例如，欧洲央行于2014年6月初降息之后，环保慈善机构Greenpeace一度由于押注欧元兑美元（EURUSD）下跌而亏损了380万欧元。这一错误是可以理解的，因为降息国货币通常会在降息环境中兑另一国家的货币下跌。

但在这一案例中，其他因素所占的比重更大，比如，长期以来由于欧洲央行所释放出的反通胀信号,以及美联储保持鸽派的基调使得市场普遍持续看好欧元兑美元。

长线交易者往往使用日线图,但也可以使用周线图,甚至月线图。图7-2中的英镑兑美元(GBPUSD)月线图2007 年 11 月最高价为 2.1161,当时,全球经济危机爆发,而2009年1月最低价为1.3498。在该时段准确分析英国行情的人都通过做空获取了巨额利润。

更有趣的是行情恢复的过程。

2009年8月,价格从低点一路反弹至1.7042,超过斐波那契38.2%的回调位,但低于50%的回调位。

在此之前,精明的分析师可以预见盘内调整的状态,并将在1.5066附近买入。当价格最终超过前一个高点1.7062时,真正的长线交易者会在2014年6月始终做多英镑吗? 许多全球宏观策略的对冲基金等确实以这种方式交易。

图7-2　行情恢复过程

在月线图上,英镑兑美元(GBPUSD)首先下跌,然后又反弹上涨。

请注意,2010年5月英镑兑美元(GBPUSD)大幅回落,并进入长达三年的宽幅震荡行情。2014年6月之前,任何长线买入的交易者只会获得微小的收益。

另一个长线交易策略持仓时间要短得多。交易者在1.5751见到由红色水平线确认的双重底。数周后,价格越过了绿色40周(200日)移动平均线。在此信号确认后于2013年11月底以1.6226的价格买入。截至图表结束,收益为836点。

图7-3　每周图表

显然,第二种长线策略从持仓时间到最终收益都更优。这一策略展示了长线交易的两个要点:首先,交易者需要耐心,并且充分信任自己选择的指标。在这个案例中,双重底形态与40周移动平均线为开仓信号。短线交易者通常会更早开仓,而长线交易者并不是在进行激进的短线交易。其次,长线交易从入场到离场之间的收益往往是巨大的。

长线交易还有一个持仓时间更短的、采用日线图的交易方式：使用200日移动平均线确定入场点。入场时间更早，是8月，而不是11月，而且入场价格为1.550 8。

截至图表数据结束，市值收益为1554点。这一收益非常大，而且只用到一个简单的指标。长线交易者可以持仓至价格跌破均线的支撑后止盈离场。此外，长线交易者应该留意基本面的变数，如与英国经济复苏相关的消息，以及央行行长关于加息或早于预期的评论。

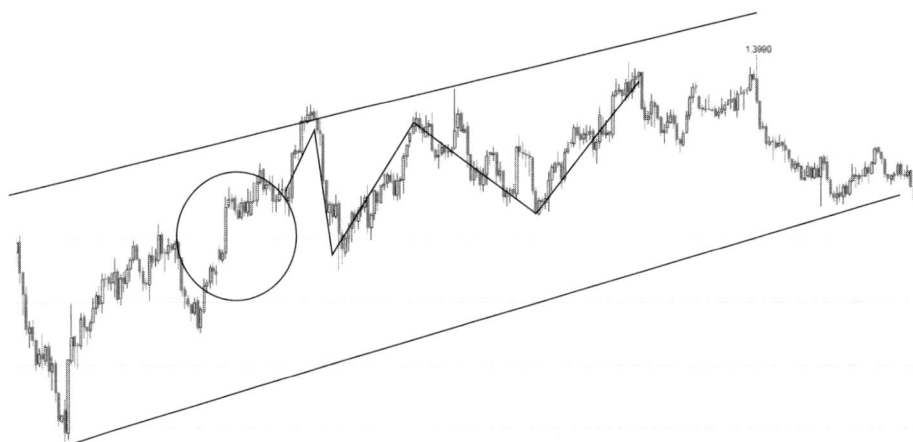

图7-4 日线图

长线交易可能比日内交易更简单，而且压力更小，但是不能充分捕捉短期价格波动所带来的收益。长线交易一般不采用动量和波动性指标，只采用趋势跟踪指标。缺点在于，它们不能在区间盘整交易和无趋势市场中为交易者提供较好的参考。

7.5　波段交易

波段交易也被称为摆动交易，是一种尝试抓住一大波上升或下跌浪中小趋势的交易策略，其持仓时间短则几天，长则几周。波段交易者们在利用技术分析寻找交易机会的同时也会借助基本面分析来对价格的趋势和模式进行分析。

有的波段交易者喜欢操作波动大的品种，而有的则喜欢操作波幅较小的品种。持仓时间从几分钟到几个月不等，从而尽量捕捉到一大段上升浪或下跌浪中每次随大方向摆动的小趋势。

波段交易者通常以盈亏比、技术指标为衡量标准，找出合适的入场位置，然后选择止损和止盈价位。如果他们设置了10个点的止损，那么通常会设置大于10个点的止盈。每笔交易的盈亏比一般大于1。

在波段交易中，交易者会对趋势指标、震荡指标、显著形态、K线组合加以利用，在这些指标或形态的基础上确定自己的策略。结合均线的用法尤为受欢迎。

在价格与一根均线的波段交易系统中，20参数均线用来帮助交易者确定趋势，价格K线则用来帮助交易者查看趋势的变化。这个系统可用在15分钟、30分钟、1小时、4小时、日线图上。

其交易思路为：当价格K线位于20参数均线上方时，只做多；当价格K线位于20参数均线下方时，只做空。当价格第一次由下方穿过均线，站立在均线上方后，交易者确认进行上升趋势的波段交易。

每一次价格碰触到均线位置作为开仓点，每一次价格远离均线后作为平仓点。平仓点位于前转折点高点的位置，也可以是基于统计分析的最佳点数，或是价格K线偏离均线达到一定点数后的值。

更有经验的交易者也可结合形态、支撑阻力等进行交易。止损可放置在均线下方，或前一个转折点低点的下方。此波段交易直至价格最终收在均线下方，代表上升趋势的结束和策略的终止。

7.6 突破交易

突破是指价格走向出现重大变化，在与现有趋势相反的方向出现的大幅一次性走势，从价格行为来看，突破是指价格突破支撑线或阻力线，从技术指标来看，突破指价格突破布林线、ATR、线性回归通道等。

突破有时会缓慢接近关键价位后徘徊不前，而不是强势地突破该价位。几乎所有交易者都会密切地关注突破，希望在突破发生后第一时间入场，享受盈利最大化。

需要注意的是，"假突破"时常发生，它们稍纵即逝并且重拾突破前的走势。这并不难理解。突破出现的主要原因在于市场情绪或消息迅速释放，但持续性较弱，无法使价格发生根本性变化。

请观察图7-4，突破的特征表现是一个突破上行阻力位的长蜡烛图，然后是价格陆续创下新高点。但新的市场情绪后继乏力，价格出现上行调整，到达略高于前一轮跌势61.8%的位置后，货币对走向逆转。

当价格向下穿透突破点时，交易者不难发现突破已经失败，价格创下新低。交易者一度由上行突破所引发的积极情绪已发生变化。美元兑瑞士法郎

（USDCHF）突破阻力位（图中1标注处），未能形成趋势（图中2标注处），然后创下新低点（图中3标注处），此后形成真正的向上突破，展开上涨走势。

图7-5　突破失败

如果交易者标注出倾斜的阻力线，能更明显地发现有效突破。价格突破第一根阻力线后，连接标注处1之后的高点，找到第二根阻力线。第二次突破成功，如图7-6所示。令人惊讶的是，各阻力线趋于平行。这种情况经常出现，每种货币对都具有自己的价格运动"习性"。

图7-6　第二次突破成功

7.6.1　突破的形成原因

突破通常是由重要的新闻或能够改变市场情绪的事件所引起,例如意料之外的央行加息决策。

图7-7为2014年6月纽元兑美元(NZDUSD)的价格日线图,分析师的共识是"不会加息",但央行决策会议前五天,交易者仍在买入纽元兑美元(NZDUSD)。

交易者可以将这看作是为了"以防万一"而持的仓。首日,纽元兑美元(NZDUSD)的收盘价高于阻力线。决策公布当日,这种持仓也使交易者赚取了丰厚的盈利。

交易者为了防止央行意外加息而持有多头头寸, 并且获得了回报。与舆论共识相悖的交易并非总是奏效的, 而且走势尚未完成。截至图表日期, 交易者仍不确定纽元兑美元 (NZDUSD) 是否会继续上涨。

突破似乎较为强势并恢复了前一轮跌势的75%, 但它仍可能偃旗息鼓。积极的交易者并不在意这一点——如前一轮价格曲线所示, 那些打赌加息的人正在获利了结, 从而暂时阻止了上行走势。这一交易方式常被称作"买预期, 卖事实", 交易者对于事实的猜测形成消息公布前的价格, 注意: 这有时是有悖于分析师给出的结论的。当靴子落地, "买入预期"的交易者通常会很快了结获利, 形成"卖事实"的价格回调。

图7-7　加息使纽元兑美元 (NZDUSD) 得以成功突破

有时, 即使在市场中未发生任何新闻或者未察觉到任何情绪变化, 仍然有可能出现新的突破。显然，有些市场参与者或交易群体的情绪已发生变化，但交易者须等较长的时间之后才能发现这一点。也可能有些参与者试图将价格引导至某一水平，以便他们以更低的价格买入或以更高的价格卖出。

当交易者观察到基本面与图表展现的技术面或价格表现冲突时，就必须决定是遵守基本面还是相信图表。答案因人而异，但大多数交易者选择根据突破的发生确认共识。不少突破交易者会选择"快进快出"，以防后市发生变化。也有交易者一直等到突破被验证之时，这种交易方式虽然对"突破"的确定性更强，但也有可能因入场已晚发生亏损。

7.6.2　验证突破

验证突破是一件较为复杂的事情。有些分析师认为，如果走势变化幅度达到最低标准例如20%，则突破是可靠的。一项正确的法则是，如果价格达到并越过前一个高点或低点，且幅度超过该时间周期的平均波幅，则突破是准确的。

图7-8显示美元兑加元（USDCAD）向上突破阻力线，但之后价格未能创下更高的收盘价。它创下的新高高于突破曲线的收盘价，但它的收盘价未能创下新高，这通常标志着向上突破失败，但实际上在突破后的价格创下新低点（中间的金线）之前，交易者无法确定。

另一种更有效的试探突破失败与否的方法是，关注价格是否出现一个比突破前低点价（最下方的金线）还低的低点。

如果交易者不了解技术面分析，突破将对其的交易构成妨碍，因为走势常常会令交易者感到困惑。当大量交易者获利了结时，突破容易后继乏力，走势将恢复之前的走势。突破与回落相伴而行，因此，交易者需要同时掌握这两种理念。

图7-8　美元兑加元（USDCAD）收盘价未能创新高

7.7　回调交易

回调是指打断每一段趋势的逆向走势，回调也被称为"修正"或"回撤"。没有哪种价格走势沿直线变化；回调是非常自然和正常的。它们通常是由于交易者了结获利或多空双方犹豫不决而产生的。

回调可以通过动量指标来判断。例如，回调通常会以一种"可衡量的变化"表现出来，比如回调至一个斐波那契数字处。各种可量化指标的有效性取决于每位交易者自身的判断。

7.7.1 三种交易手法

回调是每位交易者的噩梦，因为交易者必须决定是否采用下列交易方式：

（1）接受回调所产生的账面浮动亏损，静待趋势恢复以补回损失。

（2）等趋势恢复后仓促了结获利并重新开仓。

（3）"淡出趋势"，在回调结束前一直逆势交易。

采用哪种交易方式取决于具体的市场情况、交易者的偏好等。

确信趋势即将恢复而静待回调结束是长线交易者的做法，他们总是用基本面来支撑交易决策。其主要缺点在于交易者正在放弃已经获得的账面浮动收益，这在心理上可能难以接受，而且如果回调演变为逆转走势，这种做法就会被证明是错误的。

在回调后重新入场是一种标准的波段交易技巧，而且几乎一定是利用回调来持续盈利的最佳方法。回调并非总是遵循相同的模式，因此，如果能更好地判断回调结束的时间，波段交易将能获取最为丰厚的收益。波段交易技巧被总结为"逢低买入，逢高卖出"。在波段交易技巧中，交易者从不逆势交易。

波段交易技巧的一项特殊应用是在回调处低点买入，在趋势方向延续突破前高的回调处进一步买入，然后等再突破之后出现回调时第三次买入，以此类推——这是基于回调形态来扩大盈利的操作模式。

虽然许多交易者首选外汇交易的原因是为了其更强的趋势性，但大多数外汇交易者并不像大家想象的那样只进行趋势交易。他们并不是静待回调结束或下一轮方向性摆动，而是等待逆势趋势。

无论走势如何，价格上涨还是下跌，其持续时间都足以执行一两笔交易。这使突破成为短线交易者最重要的工具。

7.7.2　评估回调

评估回调时，交易者需要判断两项条件，回调何时开始及何时结束，更重要的是，回调是否会演变为逆转。

为了识别回调的起始点，交易者通常会参考一项动量指标，而其中最受欢迎的是随机震荡指标。要注意的是，在强劲的长期趋势中，随机指标也有可能发出错误信号。

在英镑兑美元（GBPUSD）上行趋势中的回调，英镑兑美元（GBPUSD）进入持续时间较长的回调期，布林线随着回调过程而收缩。请记住，在价格重拾走势之前，外汇中布林线的突破通常不会持续三个时段以上。

交易者如何预测回调即将出现呢？图7-9显示了随机震荡指标，在短线交易中，随机震荡指标是一项用于判断回调何时出现的优秀工具。

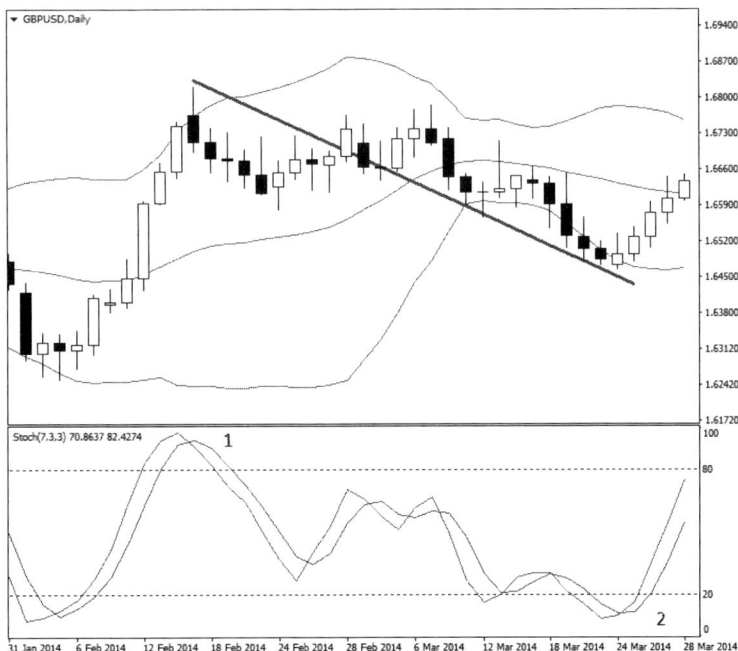

图7-9　随机震荡指标

为了更好地理解回调过程，交易者可以采用两项关于主要移动平均线及支撑线或阻力线被突破的经典技巧。

请查看图7-10，第三条指数移动平均线为 5 时段数据（而布林线始终采用 20 时段）。价格下行越过5时段移动平均线并遇见布林线收缩。与所有移动平均线的情况一样，该移动平均线有滞后的情况，但在本例中的妨碍不大。

当价格高于5时段移动平均线收市时，交易者获得回调结束的信号。此外，价格还触及一条新的支撑线，但并未突破它。

图7-10　时段移动平均线与收缩布林线释放GBPUSD的回调信号

突破支撑线是表示回调不再是单纯的回调并且已演变为逆转的关键指标。此时，多重时间周期图表可以派上用场。由于交易者在更高的时间周期图表上绘制支撑线，正如查看4小时图表时的每日线一样。当趋势未被突破时，支撑线可能被突破：英镑兑美元（GBPUSD）跌回支撑线以下，但趋势依然持续。

7.8 适合不同市场类型的交易风格

不同的市场类型有不同的交易风格,交易者的交易风格不能是一成不变的,要根据不同类型的市场适时调整,让自己的交易方式、交易风格与当前市场形态更好地匹配。

7.8.1 找到自己的节奏与节拍

交易者身处外汇市场时,要明确自己是哪种风格的交易者,确定自己想要成为哪种交易者。比方说,交易者可以问问自己,是不是真的喜欢长时间高强度的交易环境。

如果答案是肯定的,交易者就更适合成为一个"日内消费者"。对于选择"长线交易者"的人,交易者恐怕无须在短时间内"盯盘"。但是,有可能在深夜接收关于止损订单的短信或电话。

也可以问问自己,自己是技术型交易者吗?如果交易者平时比较关注移动平均线和斐波那契回调等指标,并且不太在意基本面和资金流量等数据,这样的人可能更希望成为纯粹的"技术型交易者"。

如果交易者善于应对风险,并且有足够的毅力在价格波动更大的情况下持仓,则很可能是一位宏观导向的、以基本面分析为主的交易者。

当然,如果交易者不确定自己的交易风格,也没关系,有些网站提供了关于交易风格的示例列表(头寸交易者、技术型交易者、日内交易者,趋势交易者等)并提到采用这些风格的交易者的示例,这些示例对他们的判断有益、但偏于简单和泛化。如表7-1所示,可以看到基础的交易风格。

表7-1　三种常见的交易风格对比

	超短线交易	日内交易	波段交易
交易次数	50～200 次 / 天	1～10 次 / 天	1～2 次 / 周
时间框架	1～5 分钟线	15～60 分钟线	1～8 小时线
每笔目标获利	1～5 点	10～50 点	50～100 点
技术分析	交易中随时	1 天几次	1～8 小时一次
难易度	适合高级交易者	适合初级与终极交易者	适合初学者

7.8.2　短线与长线

大多数即期外汇市场中的投机交易者将成为日内交易者，或持有实质上的短期头寸。他们希望在几个交易日内、一周内或最多两三周内入场和离场。日内交易者属于短线阵营，技术型交易者一般也是短线交易者偏多。

其他包括技术型交易在内的策略属于长线交易者，其时间跨度从数周到数月、一年甚至更久，具体取决于头寸的时间范围。

7.8.3　仓位大小

当交易者建仓，确定买入或卖出哪种货币对之后，交易者需要确定持仓头寸的规模，并且须遵循银行、机构或交易商设定的限额。

有些人在美国非农就业数据和欧洲央行的决策公布之前冒险买入或卖出一种货币对，他们可能会选择更小的头寸规模。例如，X 的四分之一或低于二分之一，其中 X 是指头寸限额。

这是因为这种情况下的盈亏比相当可观，这基本上是像抛硬币一样的孤注一掷。即便交易者相信他了解市场将如何回应央行决策的数据结果，重仓持有的风险还是较大。

当交易者亏钱时，往往感到恐慌并且鲁莽决策，因仓位而影响心态，做出错误的决定。所以，交易者最好从小手数、小仓位开始，等成功之后再扩大风险敞口所对应的金额。在重要事件发生之前大规模建仓是绝对不明智的。交易者最好将"弹药"留到当技术面、基本面和资金流对交易者交易的货币对更加有利时。

7.8.4 组合策略

大多数交易者（无论长线还是短线）采用组合策略。日内交易者可能基于基本面数据而认为欧元兑另一货币的价格太低。但如果价格低于重要的技术支撑位，交易者可能不会买入，这有可能意味着在其走强之前还会创出新低。

同样，套息交易者可能希望做多欧元兑日元，但为了避免央行比预期更为鹰派或鸽派，他们认为有必要等到日本央行会议之后再操作。

长线交易者可能希望做空欧元兑美元（EURUSD），因为他们认为美国经济将跑赢欧元区经济。而且，如果他们已经挂单重仓做空了欧元兑美元（EURUSD），他们可能希望成交之前等待欧元上涨至重要的技术阻力位。

对于有经验的交易员而言，策略是多样且可组合的。比如，长线与短线的结合，多单与空单的结合。这样做的好处是所持仓的金额虽然更多了，但风险有可能极大地降低了。

7.8.5 采用什么策略及何时采用

在有些交易日甚至是更长的时间段内，价格毫无变化或处于大幅区间盘整状态。在这些情况下，根据基本面或者市场情绪的变化来建仓并无意义。日内交易者在这种环境下游刃有余，因为他们很擅长发现短期趋势。值得注意的是，在趋势市场和震荡市场中，技术指标的参数选择也会发生变化。

在震荡市场中，相对强弱指标（RSI）高于70或低于30的信号，往往会发挥更大的作用；在趋势市场中，5、10、20、55参数的移动平均线可能是更成功的策略。

RSI的默认周期是14天，但它也可以缩短（或根据宏观情况延长）以增强敏感度。

当价格波动幅度保持不变时，有些交易者通过"套息交易"获取收益，即做多一种高息货币并做空一种低息货币。交易者每天通过货币A与货币B之间的利率差异赚取收益。即使即期价格的变化不大，交易者也能随着时间的推移而盈利。

其他时候将出现宏观趋势，例如央行推出一系列降息或加息措施。如果央行A加息，而央行B保持利率不变或降息，做空货币A对货币B是有意义的。

美国金融危机和欧债危机爆发，市场确信发达国家将长期保持低利率之后，对利息和回报的追求使全球交易者进入新兴市场货币。新兴市场货币几乎从中受益了五年。

第 8 章

外汇量化策略

随着互联网技术的普及，外汇市场出现一种主流趋势，即逐渐用计算机来替代人工进行交易。

外汇市场一定程度上就是在从历史数据中找出规律，然后将找到的规律套用在判断未来行情之中，以期获取收益。

而数据规律的总结，人工显然不如计算机有优势。计算机在处理海量、复杂的数据时，往往非常高效且准确。

外汇量化交易就是利用计算机技术从大量的历史数据中获得大概率成立的规律，然后将这种规律制定成策略并根据策略做出基于外汇市场的交易决策。

这一章将为交易者介绍量化交易的具体知识。

8.1　套利交易

外汇市场日均成交量约4万亿美元，套利交易是量化交易的重要应用之一。套利交易运用算法交易来创造套利空间，也使得一般交易者"手动"进行外汇套利交易的操作难度大增，但若能了解套利交易的一些基础思维，那么对于外汇投资，也将会有很大的帮助。

需要注意的是，套利交易策略也存在局限性。这种策略主要适用于稳定，且不存在利率大幅变动的市场。事实是，如果利差收窄，策略带来的损失将可能超过利润。

"将美元换成欧元，持有一段时间再换回美元"或"将人民币兑换成美元，然后再换成日元"这类模式，不太被外汇交易者采用。交易者通常通过另一种方式进行盈利——仓息套利。

8.1.1　仓息套利

仓息套利是指买入或卖出某货币对，在持有超过利息结算时间后，收获所产生的隔夜利息的交易方式。比方说，交易者买入1手澳元兑美元（AUDUSD）的隔夜仓息为收获6.4美元，就是交易商付给交易者6.4美元；交易者卖出1手澳元兑美元（AUDUSD）的隔夜仓息是支付8.8美元，也就是交易者付给交易商8.8美元。

进行仓息套利要注意：一、选取货币对的买入价与卖出价间点差要尽量低，减少交易成本；二、短期震荡行情或持仓方向顺应短线趋势，以免捡了"仓息套利"的利润，却因头寸而最后亏损了。

8.1.2　三角套利

三角套利是利用交叉汇率定价"错误"进行的套利。比如，A货币兑B货币的价格应可以由A货币兑C货币及B货币兑C货币的价格中得出。这一数学关系应保持相等，若此等式不成立，将给交易者带来三角套利的机会。

三角套利过程：透过交叉汇率计算出的汇价，与市场上实际汇价有所差异，造成市场存在套利空间。市场人士可同时在不同银行间买卖外币，进行所谓的三角套利。

以欧元兑美元（EURUSD）、欧元兑日元（EURJPY）、美元兑日元（USDJPY）为例，正常情况下，以交易商的报价，将1欧元换成日元，用日元换成美元，最后再将美元换成欧元后，应获得的货币数一般都少于1欧元。原因是，中间环节的买卖价差损失掉一部分成本，而这部分成本为交易商的利润。

假设，欧元兑美元（EURUSD）的卖价为1.05110、买价为1.05113；欧元兑日元（EURJPY）的卖价为128.827、买价为128.839，美元兑日元（USDJPY）的卖价为121.613、买价为121.618。

卖出1欧元可换取128.8217日元，卖出128.827日元可获得1.051053美元，卖出1.051053美元可获得0.9999欧元，小于初始的1欧元，无三角套利机会，如图8-1所示。

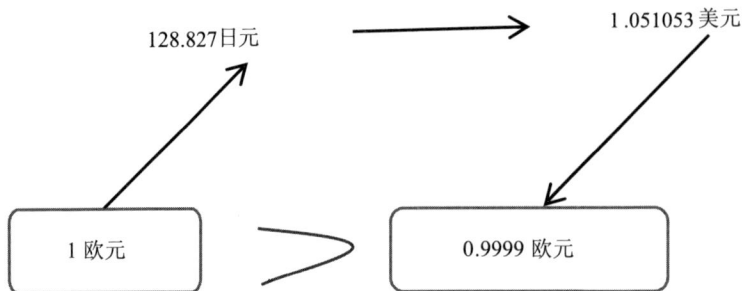

图8-1　无套利机会

若欧元兑美元（EURUSD）的卖价为1.05110、买价为1.05113；欧元兑日元（EURJPY）的卖价为127.927、买价为128.939，美元兑日元（USDJPY）的卖价为121.613、买价为121.618。

卖出1欧元可换取127.927日元，卖出127.927日元可获得1.0518755美元，卖出1.0518755美元获得1.0007欧元，大于初始的1欧元，存在三角套利机会，如图8-2所示。

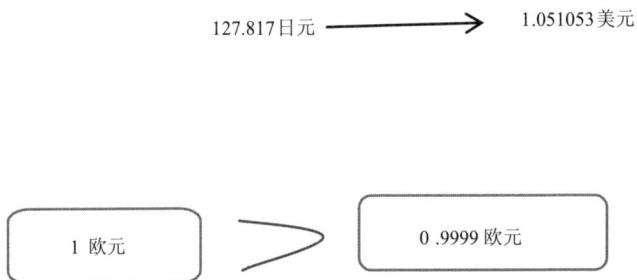

图8-2　有套利机会

在散户的外汇交易中，其实很少会出现三角套利的机会。因为一旦机会出现，将由做市商的算法系统迅速捕捉，稍纵即逝。

8.2　高频交易是什么

如今,高频交易已经成为外汇市场交易类型中的一大主要力量。很多散户觉得它非常神秘、不容易学习和理解。那么,高频交易到底是什么呢?

所谓高频交易,简单来说就是利用计算机技术在短时间内快速进行多次买入卖出的交易行为,甚至利用微秒(1秒等于100万微秒)为时间单位制定策略。高频交易利用强大的电脑程序进行快速交易,交易的开仓平仓时长通常不到10毫秒。

与交易速度相对慢得多的交易者相比,高频交易利用技术优势获得时间优势先行下单。高频交易的速度如此之快,以至于有些高频交易机构将自己的服务器群组直接放在离交易所物理距离很近的地方,甚至放置到大型交易所里,以缩短交易指令通过光缆传输的距离。

因此,高频交易的第一要素是高频的计算机算法,第二要素才是在交易上的应用。

高频交易这个大类虽然都具备"高频"计算机算法的共同特征,但是在交易机制和应用层面并不相同,对市场的影响也不同。根据现有策略,高频交易大体可以分为三大类:订单拆分策略、做市交易策略、量化交易策略。

8.2.1　订单拆分策略

在美国,机构交易者的大笔交易往往造成价格急剧变化,从而增加交易成本。为了解决这个问题,交易商采取订单拆分策略,使用多种算法把大订单分割成若干个小订单,这样不光降低了执行交易的成本,也可以减少大订单对市场价格的影响。

这类算法可以分为三代。第一代主要考虑如何减少对市场的影响。比如，将订单按时间拆分，按历史交易量拆分，以及把小订单按固定比例汇合，以降低对市场的影响。但是，第一代也有明显的缺点，这种有规律的订单分割方式容易被其他交易者发觉并跟风，反而增加了交易成本。

作为改进，第二代拆分策略加入了一些反侦测的技术手段。例如大家可能听说过的冰山策略，只把一小部分交易放在公开的交易系统中完成，尽量避免整体的交易意图被探测和泄露。

第三代拆分策略主要优化执行差额策略，让订单可以适应快速变化的市场环境，根据当前价格的变动情况决定如何执行拆分计划。订单拆分策略是高频交易的第一大应用。

8.2.2 做市交易策略

外汇市场的成交普遍实行做市商制度。与竞价交易制度不同，做市商制度是借助做市商的中介作用实现买卖双方的交易，做市商从买卖差价中获取收益，并为市场提供流动性。做市商通常由国际大型银行或机构来担任。

近年来，一种被称为"被动做市策略"的高频交易模式逐渐发展起来。这种策略产生于美国特殊的交易机制。在美国，交易所间的竞争也是十分激烈的，交易所为了能争取更多的交易订单，会给那些参与提供流动性的机构一定的交易费用回扣。

这是怎样的流程呢? 当交易者使用双向挂单等待成交时，便为市场提供了流动性，使得其他有交易需求的交易者以更低的成本交易，相应地也提高了交易所的竞争力。

因此各电子化交易所对这类流动性提供者提供返还回扣，鼓励他们通过报单参与交易。在这种情况下，很多小机构甚至个人交易者为市场提供流动性，并在众多电子化交易所中承担当起了实质性的做市商责任。

做市商在交易过程中也会面临各种风险,一方面,资产价格的波动会造成存货风险;另一方面,买卖指令的泊松分布表现出高度非均匀性分布特征又造成了交易风险。这种风险对传统的做市商影响更大,因为它们普遍具有巨大的资金量和交易量,也对市场有着更大的影响。

在外汇市场,交易者必须考虑货币对交易的买卖点差,这是交易的成本之一。通过高频交易,做市商系统不断提供流动性,降低了点差,因此也就降低了滑点的可能性及交易者的成本。只要有交易者在某一价格买入一种货币对,都可能会改变另一个交易者交易的入场价。高频交易者通过算法发现价差,无疑也会让交易者的买卖价改变,更好地帮助市场进行价格发现、增强流动性、降低交易成本。

高频交易的高速执行也有弊端,曾引发了汇市的"黑天鹅"。比如,2016年10月7日英镑闪崩事件。当时英镑两分钟内跌幅超过6%。这是高频交易的算法交易引发的大规模抛售。当时很多新闻网站和社交媒体上不断唱衰英国脱欧,电脑算法将这当成了卖出英镑的信号。一旦英镑有走低的趋势,更多高频交易者就会加入,强化了这种趋势,最终形成短时间内强势的做空压力。

8.2.3　量化交易策略

订单拆分策略与做市交易策略更多的是作为一种金融服务存在,为市场参与者提供更便捷的环境与交易基础设施,而量化交易策略的重点是通过定量分析进行交易决策。量化交易策略种类非常繁多,有的针对单一资产,有的则针对投资组合。针对单一资产的分析方法包括事件套利、盘口交易和技术分析等。

外汇事件套利是指针对某特定事件的发生,比如美国大选、英国脱欧这种对外汇走势有重大影响的事件,通过量化分析事件对市场的影响进行交易。

盘口交易是指根据订单流、交易量等信息进行交易的策略。盘口交易和技术分析策略通过对价格序列和交易量进行分析,发现交易机会。交易策略中包含套利交易、配对交易、统计套利。

配对交易也称收敛交易,它假设相关联的标的物的价格具有相关性,因此在一种资产价格上涨而另一种资产下跌时,就可以做多下跌的资产,做空上涨的资产。

比如,当交易者看到加元期货和欧元期货的价格比例关系处在历史高位时,可以选择做空这一比例关系。由配对交易发展而来的统计套利与配对交易的不同之处在于,统计套利判断资产的相关性并不依据基本面或其市场特征,而且它所关注的往往是包括上百个资产的资产组合之间统计上的相关性。

可以说,高频交易为外汇市场提供了流动性,也给散户带来了风险。比如,高频交易可能通过大笔成交触发市场中存在的止损。开始交易之前,了解市场其他参与者的"策略画像"是有很大帮助的。

8.3　为什么马丁策略跑不赢大盘

不少外汇交易者喜欢用马丁策略,也称马丁格尔策略,但是这种方法真的可靠吗?

实际上,马丁策略并不是近几年产生的,早在18世纪,法国数学家、现代概率论开拓者之一莱维(Paul Pierre Levy)便提出了马丁策略。最初,马丁策略是一种赌博方式,用"双倍押注"的方式来赢回本金。

马丁策略很简单,在一个"押大"或"押小"的赌盘里,一直不断地只押某一单边(如押大或押小),每输钱一次,就把输钱的数目乘上两倍,一直到押中赢一次,就可以将前面所亏损的金额全部赢回来并多赢第一次所押的金额。这样的交易策略是基于概率论,理论上,如果资金无限大,交易的成功率也就会无限接近100%。

举个例子,假设交易者来到赌场,有一个只能押大小的台子,交易者先从1元开始押(只能押某一边),然后以2的整数幂(2^{n-1})作为押注大小,也就是:1, 2, 4, 8, 16, 32, 64, 128, 256, 512, …直到赢钱为止,然后又从头开始(这样算一回合)。

假设交易者以q代表亏损的概率(如果仅以押大小为例是1/2),B代表口袋中能押大小的筹码总量,以n来代表总共能够亏损的次数。所以总共亏损n次的概率是q^n。当交易者口中的筹码都亏掉了,那表示总共亏损的金额是:

$$\sum_{i=1}^{n} B \cdot 2^{i-1} = B(2^n - 1)$$

而交易者不会亏损n次的概率是$1-q^n$。假设交易者不会真的亏损了n次,而交易者所能够赢到B数量的钱,那么交易者每一回合能期待的利润为:

$$(1 - q^n) \cdot B - q^n \cdot B(2^n - 1) = B[1 - (2q)^n]$$

以上面例子来计算概率,连续亏损10次的概率为:

$(1/2)^{10} = 0.0009765 = 0.09765\%$

所以,第11次可以赢回所有的亏损并多赢1块钱的概率是:

$1 - (1/2)^{10} = 99.9023\%$

这个方法绝对不是稳赢不赔、毫无风险,它的风险在于:有可能交易者还未赢到押对的那一次,口袋的钱已经亏光。比如以上面例子来说,如果连续10次押注错误，那交易者就会亏掉：1+2+4+8+16+32+64+128+256+512=1 023元。虽然看起来，连错10次并不容易，但是在实践中并不少见。

除了实际交易中资金量的限制外，交易产生的结果属于小样本概率，与理论上的统计结果可能天差地别。

马丁策略这一交易方式，更确切地说，是一种以资金管理为基础的下单方式，它的基本原理是金字塔式的加仓原理。在订单被套的时候，不断同方向间隔加仓，摊薄成本。只要行情回撤，就可以让被套的系列订单解套。

马丁策略适用于外汇交易吗？天底下没有免费的午餐，大部分交易者不适合用这种策略来交易，原因是不存在无限多的本金，无法承受连续数次的累计亏损。

使用马丁策略时，最怕的是当进场交易时，市场却按照反方向的趋势单边运行。依照马丁理论，到后面用到的资金会越来越多，押注也越押越大，所以亏损到后期非常有可能将账号的资金全部亏光。这也是为什么马丁理论最怕"一直走趋势"的市场，反而最适合用于"一直走震荡"的市场。

假设，某外汇对的价格处于下行趋势中，汇率一开始为1.250 0，此时，交易者进场买入1手，以20点为一次加仓距离。之后汇价下跌20个点至1.248 0，该交易者继续加仓1手，总持有手数为2手，平均买入成本下降至1.249 0。也就是说，这个外汇对虽然下跌了20个点，但是只要再上升10个点，这笔交易就能保证不亏损。

价格跌到1.246 0，加2手，总持仓为4手；价格跌到1.244 0，加4手，总持仓8手。以此类推，交易继续下去，汇率下跌到1.242 0，累计已下跌80个点，总持仓须为16手。按理说，不断在低位加仓摊平平均成本，只要等汇率回升19个点至1.243 9，损失就可以挽回。

逻辑上虽然没有任何问题，但是在外汇市场，这一策略是"爆仓神器"。一个外汇对下跌超过80个点，这是非常容易发生的事情。虽然上涨19个点并不太困难。在这个例子当中不难看出，一旦市场跌超80个点，哪怕只跌了81个点，就会立刻爆仓，血本无归。

在外汇市场上，用最简单的分类来看，有两种典型的交易方法——顺势交易和逆势交易。前者是在找到趋势后，顺着趋势做交易；后者是在市场原有趋势休止或暂停时入场，进行与原趋势或惯性方向相反的交易。马丁策略的资金管理逻辑就属于逆势交易。而在交易中，顺势资金管理的成功概率更大，每当获利时加仓。逆势交易成功概率更小。

外汇市场并不等同于赌场，外汇价格的涨跌不是单纯的概率随机问题，趋势是存在的。因此，顺势而为的资金管理，更容易成功。

以"做多"时为例，马丁策略的特征是：亏损时加仓，在第二次进场之后的平均价格成本会高于目前的市场价，只要市场继续下跌，亏损就更大。另外，马丁策略没有止损位，账户亏损后继续进场，浮动亏损会造成整个账户的资金占用率高，很可能收到补充保证金通知，被要求追缴保证金。

被称作"反马丁策略"的特征是：获利时加仓，同样是在上升趋势中，第二次买入进场之后平均价格成本会低于目前市场价，小额短期亏损后会有大额获利的可能，甚至是潜在无限获利的可能性。此外，策略有止损，止损后不会加码进场。从资金占用的角度来讲，整个账户资金调度宽松。

同样要注意，顺势加仓也不是万能的。假设1.2500为现价，以20点为加仓距离，就是当汇率上升至1.2520时，进行第一次加仓1手。可以看到，如果该外汇对价格上涨的趋势一直保持，这个策略理论上可以获得无限的回报。但是，假设价格涨到1.2580时，当第5次加仓之后价格下跌20点至1.2560，按策略仓位须减半，前一次买进的8手合约抛出后，产生了2元的亏损。

可以看出，如果能够准确预测到趋势将要反转，直接在前几次交易中选择获利离场，那么就能获得极大的利润。"反马丁策略"的好处是只要能严格遵照这一策略操作，最终的损失也不会很大。

交易时应保持高度警觉，市场波动既可以让马丁策略爆仓，也会限制盈利加仓的"反马丁策略"。可以看出，设置合理的止盈目标和设置止损是同等重要的。

8.4 CTA策略是2020年的王者吗

2020年，全球"黑天鹅"事件频发，日内暴涨暴跌现象频繁出现，波动率也明显加大。此时CTA策略似乎风头正劲。

CTA，英文是"Commodity Trading Advisor"，翻译成中文是商品交易顾问策略的意思，标的包括商品期货、股指期货、外汇、期权、国债期货等。

CTA发展迅速，据统计，2001年至2016年，CTA基金的规模就从379亿美元增加到了3 375亿美元，翻了近10倍之多。作为一种海外流行的另类投资基金，CTA基金业绩稳定，它由于可以有效地降低投资组合在牛市和熊市的波动率，而被广泛应用于资产配置中。

全球著名的CTA基金有哪些呢？举两个例子。

第一个著名的CTA基金是元盛公司的旗舰产品，管理规模达268亿美元。元盛是目前全球最大的期货交易基金公司。在元盛内部，金融科班出身的员工并没有想象的那么多, 相反, 很多主力军是具有统计学、气候学、精算学、天文学等学术背景的员工。这与元盛的策略和交易理念是一致的: 坚信数学和计算机可以持续地产生正收益。元盛的旗舰产品Winton Diversified Trading Program从1997年开始运作, 其投资标的众多, 涵盖全球多个期货市场中的股指、利率、外汇和商品, 且规模巨大, 连年跑赢大盘。

第二个著名的CTA基金叫Transtrend B.V., 是荷金融市场监管局授权的一家另类投资基金公司, 早在1995年就开始运作旗下的CTA基金公司, 目前管理规模41亿美元, 大型银行、养老、家庭等投资基金和高净值个人都是公司的服务对象。交易的核心逻辑是发现金融市场形成的趋势, 并且通过量化手段进行分析与处理。类似于元盛, Transtrend B.V.的研发人员大多拥有应用数学、经济学和物理学背景。旗下的明星产品Diversified Trend Program – Enhanced Risk USD在Altegris统计的CTA基金中排名第二。

看起来CTA基金收益不错且比较稳定, 非常吸引人, 那么, 到底什么是CTA策略呢?

其实, CTA策略一点也不难理解。CTA策略一般指趋势跟随策略, 应用于多空都可交易的品种, 也就是说, 它是一种趋势跟随交易策略, 通过大量的指标排除市场噪音、设定交易系统、判断当前市场趋势, 然后建立头寸。而这一系列信号的识别、头寸的建立、临界点的设置大都是由计算机算法所设定的。

金融市场并不总是充分有效的, 因此, 交易员才可以通过判断获取超额收益。巴菲特、索罗斯已经证明了 "市场有效假说" 的无效。

CTA策略之所以会成功, 也是由于市场并不总是处于公允价位。趋势与非合理定价在很多情况下是存在的。事件性影响会导致标的价格在短期内迅速提升或暴跌，此后需要一段时间才能回归到合理定价。在价格偏离合理价格的时间段内，趋势跟踪策略就可以获利。

CTA策略可以说是成长于波动、胜于交易、立足于风控。CTA策略以追求绝对收益为目标，所以其核心风控在于"如何在策略不适应的市场环境中控制回撤"。

在实践中，CTA策略可以参与全球150多个市场，从现货、期货到期权，资产类别范围之广远超传统投资策略。在CTA策略中，杠杆的使用极为普遍，以外汇市场为例，由于外汇交易广泛采用保证金交易制度，交易者只需要缴纳占本金很小比例的保证金就可以完成大额标的的交易。

CTA策略也可应用于套利策略和日内策略中。根据交易模式可以分为主观CTA和量化CTA，前者根据交易员人为做出判断，后者依靠量化系统自动给出交易信号并进行交易。根据交易依据可以分为技术面和基本面CTA策略，前者主要以趋势、反转和形态等各类技术指标作为依据判断交易机会，后者主要通过对标的基本面的分析确定交易机会。

CTA策略在资产价格上涨和下跌阶段均可以跟随趋势获利，在上升趋势做多，在下跌趋势做空，仅在资产价格多空转换和震荡的行情下出现横盘或回撤。因此，如果市场没有什么波动，或者波动很小、没有方向性，一般而言，CTA策略就很难有盈利。

比如，英镑兑美元（GBPUSD）自2020年3月1日至20日下跌近1800点；美元兑加元（USDCAD）从2020年1月一路上涨近1700点。这类在一段时间区间中，趋势特别明显的外汇对，特别适合CTA策略。因此，CTA策略是2020年第一季度的救命稻草。不光是在境外股票和外汇市场，2020年2～3月，国内有些市场基本上也呈现缓慢的跌势，不管是期货还是股票或私募市场的交易品种，大多方向明确，因此，应用CTA策略的可以获得不俗的收益。

到了2020年3月底～4月初，以美股与外汇市场为例，暴跌之后往往显现窄幅震荡的行情，这种情况CTA策略往往不再适用。

因此，只有了解了策略的本质，才能避免跟风被套牢的风险。

8.5 如何构建好的外汇EA量化策略

MetaTrader 4是大部分散户使用的交易平台。我们说的EA交易，也称为算法自动交易，是MetaTrader 4最强大的功能之一，允许交易者开发、测试和应用任何复杂的EA交易和技术指标。

MQL4基于运用广泛的C++编程语言，操作速度和灵活性允许交易者开发计算量大且非常复杂的程序，精确地管理几乎所有EA交易和指标参数。MQL4包含了大量分析价格的必要函数，还拥有很多内置的基本指标和参数，对于交易者来说，易于上手，方便掌握。

内置MetaEditor是专为使用MQL4开发交易策略而设计的，配有调试器，编译在Editor中执行后，应用程序自动移到MetaTrader 4。在MetaEditor中，可以在另一个MQL4集成开发环境组件进行策略测试或者优化。

上百万现成的代码已经在代码库中发布，交易者可以免费下载代码，也有一些需要付费才能使用。

MetaTrader 4策略测试是专为自动交易投入真实交易之前进行测试和优化而设计的。测试基于历史报价数据，这样交易者就可以更好地评估EA交易过去的交易情况,并且模拟在真实交易中的表现。虚拟测试使用图表窗口展示EA交易执行历史数据交易的情况。完成后,tester还会提供一份完整的报告,包括图形和数量结果,方便交易者对于结果进行视觉上更直观的分析。

除了获利数据外,tester还会显示获利/亏损百分率的信息、获利/亏损交易量、风险因素等。分析得到的结果可以帮助交易者监测自动交易策略中可能的缺陷,从而调整EA参数。

那有人就要问了,对于外汇交易者而言,程序化交易是不是比人为的主观交易要好呢?

EA的优点是把人从电脑前适当地解放出来,在24小时开盘的外汇市场,不用人为地24小时监测盘面变化。EA最核心的能力,在于可以把交易策略量化,实现自动化交易,从而避免了人工交易的情绪化影响和交易心理引发的负面作用,以及交易执行不到位出现的问题。

外汇EA的弊端也很多。盈利能力强且持久的EA必须经过专业外汇交易员或者自动化交易的专业人士设计编程。否则,盈利能力根本无法持久。外汇市场是全球性市场,每天的交易量以万亿美元计算,从这个体量来看,无数机构和专业交易者正在参与。一个程序化策略可能只在一段时间适用于某种市场行情,一旦市场往其他不利的方向发展,或者超额收益的策略被市场重新定价,系统就会带来亏损。因此,程序化策略也需要不断更新迭代,目前,这都是极度依赖人为的直觉进行创新与改进的。

EA交易的优点:

(1)融合盈利系统的交易精华,把经过验证的交易策略用于实盘交易;

(2)克服人性中的弱点,避免情绪化操作;

（3）自动下单，电脑24小时监控行情，无须人为操作；

（4）严格控制风险，无过量交易。

EA交易的缺点：

（1）市场被非量化因素影响，如市场情绪、交易行为、交易心理；

（2）价格运行中的"噪音"会影响EA的有效性；

（3）外汇市场大部分的自动化交易仍为做市等市场基础设施提供便利；

（4）最成功的对冲基金仍有大量主观交易与半自动化交易。

那么，什么是一个好的EA策略呢？衡量标准有以下几条，同样适用于主观交易。

年化收益（率）：任何收益都应该转换成年化收益以进行比较。巴菲特投资几十年下来的年化收益率在20%左右。

美国股市百年来年化收益率大概是10%。所以交易者也不要太贪心，不要动不动因为某个人财富自由的故事，自己便不切实际地去追求每年翻多少倍的收益。如果收益率为30%，表明起始时是1万元的本金，结束时本金就变成1.3万元了，一共赚了3 000元。如果回测时间段为2年，那么，不考虑复利的情况下，每年的年化收益率就在15%左右。注意，资金规模的大小也对收益（率）有重要影响。资金规模较小时，收益率容易较高，但收益的绝对数额较小；资金规模较大时，收益率容易较低，但收益的绝对数额较大。

最大回撤：最大回撤就是从一个盈亏高点到一个盈亏低点最大的下跌幅度。从最大回撤中可以看出一个策略最糟糕情况的可能性，从而衡量策略期间最极端情况的亏损。例如一个策略的最大回撤是50%，收益也是50%，那么最先要考虑的不是收益，而是交易者是否能经受得起50%的本金亏损，交易者是否愿意冒着亏损50%的风险去博取50%收益的可能性。年化收益/最大回撤，是最简单有效的策略判断指标。

平均涨幅：平均涨幅衡量回测期间盈亏的平均涨跌情况。数值为账户日收益的平均值。

上涨概率：上涨概率衡量整个账户上涨的可能性。计算公式为：上涨天数 / 回测交易日的数量。

最大连续上涨天数：衡量策略连续盈利的最大天数。

最大连续下跌天数：衡量策略连续亏损的最大天数，或者说策略连续失效的次数。这个指标很重要，在实战中，若连续失败的次数多了，尤其是主观交易，交易者可能会由于胆怯和缺乏信心放弃交易；如果是程序化交易，有可能会因为亏损次数过多而被抛弃。

收益波动率：单单追求高收益率是不行的，交易者在交易中还必须考虑潜在的风险。波动太大的策略往往风险也较高。收益波动率衡量策略收益的波动情况。数值为账户日收益的年化标准差。

贝塔值(β，beta)：β系数衡量资产的回报率对市场变动的敏感程度，代表策略的系统性风险。

阿尔法值(α，alpha)：α系数表示实际风险回报和平均预期风险回报的差额，衡量策略的非系统性风险。

夏普比率(Sharpe ratio)：衡量策略最重要的一个指标夏普比率不仅考虑了收益率，还考虑了风险，因此极具参考价值，可以理解为经过风险调整后的收益率。显示的是在给定的风险下使期望回报最大的策略。

任何策略的结果都是一个累积的盈亏序列，根据这个序列可以得到一条资金曲线。这条曲线不光是EA策略的收益曲线，也是每个交易者的事业生命线。

第 9 章

外汇交易风险管理

没有风险管理，就无法形成一套完整的外汇交易策略。

在开启外汇交易前，交易者应完成以下内容——学习基本面分析、技术分析、市场情绪解读，学会拟定优秀的交易策略并记录于表格，花大量时间练习交易、正确建仓、正确设置止损位和目标位，并且保持头脑清醒、心态健康。如此准备后，交易者会极大地提高在外汇交易过程中管理好风险的能力。

9.1 如何制定并合理实施交易策略

是否能够拥有一个适合自己的交易策略,不仅是专业与业余交易者之间的区别,也是从平凡跨向卓越的分水岭。建立一个适合自己的交易策略是一个艰苦长期的工作,需要时间的沉淀和不断地积累。

只有拥有合适的交易策略,交易者才能知道何时买入、何时卖出,盈利了怎么办、亏损了怎么办,才能在起伏不定的行情变化中泰然自若,处变不惊。

9.1.1 确定风险资本与现实期望

散户交易者投入外汇交易的本金应该在自己可控的范围之内,即使出现亏损,也不会影响正常的生活。外汇交易遭受突发风险的可能性非常高,这些风险包括:

(1)其他持有大型相反头寸的交易者所做出的随机动作;

(2)由央行人员、财政部人员、政客或重要人士发表的意外言论;

(3)地缘政治冲突、自然灾害、公共卫生及安全的行为带来的"黑天鹅"。

一般而言,风险资本不应超过总资本的10%,这意味着,如果交易者的资产为100 000美元,则可用于外汇交易的起始风险资本不应超过10 000美元。这一风险管理思路不光在外汇市场中,在交易其他品种时也适用。

如果风险资本的占比过高,交易者很可能在几笔不顺利的交易后就无法"东山再起"。比如,风险资本为50%,交易者亏掉了50%的起始本金,就必须要盈利100%才能回到起点。

交易者希望在外汇行业中获得高盈利,但如果在没熟悉市场和建立专业交易思路、交易策略之前,就盲目追求100%的盈利,恐怕很快就会在交易中出局。

9.1.2　了解自己的本金

每位新手交易者都青睐杠杆魔力,幻想通过好运气快速将本金加倍,获得可观的盈利。

那么,交易者在制订交易计划、交易策略时,怎么才能更现实、更容易操作呢? 或者说,交易者希望通过投入本金获取多少回报呢?

这里有一个公式,即目标资金=起始资金+(期望值×每笔交易的本金×总交易数),"期望值"简单地说,是指交易者合理预期每笔交易可以获得的盈利。

举个简单的例子,如果一个交易者在外汇交易中投入10 000美元,并且希望在一年之后翻倍至20 000美元。交易者可以研究两个变量:该交易者盈利是多少,以及交易者计划每年执行多少笔交易?

例如,交易者在外汇交易,他相信每笔交易能够获得净盈利130美元。其算法是: 20 000美元=起始资金+(130美元×交易数量)。

如果该交易者为每笔交易投入全额10 000美元(而且每笔交易的期待值稳定在130美元),则每年必须完成76.9笔交易才能让本金翻倍: 20 010美元=10 000美元+130美元×77。

每年总共执行77笔交易或许太少,而每笔交易130美元的预期收益或许太高。此外,交易者不会为第一笔交易(或任何一笔交易)投入所有资金。

如果交易将亏损,而且该交易者预期每笔亏损交易将遭受45%的损失呢? 那么本金已变成10 000美元-4 500美元=6 500美元。

现在,交易者野心扩大,不再追求让本金翻倍,而是让它变成三倍。

而且，每年完成的交易量很大程度上取决于交易者必须投入的交易时间及交易者选择的系统。如果将所有时间用于交易，则总交易数量将达到240（一年的交易天数）笔以上；

如果交易者计划每天对相同走势交易多次，则总交易数量将加倍。那么，如果交易者为第一笔交易分配2 000美元（或起始本金总额的20%），而且每笔交易的平均收益为30美元，交易者得到：30美元×240＝7 200美元。

它假设交易者一直为每笔交易投入2 000美元，而且不会将收益累进投入下一笔交易中（或者用剩余的本金来补充这2 000美元）。

累进式策略类似"马丁策略"，因为它会让风险资金成倍增长。从技术上讲，"马丁策略"是指在每一笔亏损交易后将赌本加倍的押注方式，盈利一次就能让他恢复之前的所有损失和原始本金。统计学家花费了大量时间用各种理由来证明灾难性亏损的概率远高于交易者想象的程度，这些理由传递出一个令人不安的信号：即市场有时像赌盘一样带来一系列损失。

交易者为了计算需要多少资金才能获得预期收益，则需要知道预期收益目标和交易频率。

资金目标等式的右侧有四个变量。如果交易者逐步从一侧修改至另一侧，则会发现最适合自己风险偏好的组合，交易者只需确保它也适合自己的风险水平即可。

9.1.3 了解头寸和盈亏

交易者需要了解头寸和盈亏，需完成简单的记录工作，以确保关于获利了结或止损的决策得以正确执行。

例如，交易者以1.3900的价格买入100 000欧元兑美元（EURUSD），等它上涨至1.3945时可获利45点或450美元。

无论交易者一天仅执行几笔交易还是执行许多笔交易,都可以选择手写账目或用计算机电子表格进行记录。在本例中,交易日结束时记事本仅计入一笔交易,如表9-1所示,交易者的盈利为450美元。

表9-1　记录交易

方　　向	开　盘　价	收　盘　价	头　位　规模	盈利 / 亏损
买入	1.3900	1.3945	100000	450

但是,交易者可能对相同货币对或不同货币对执行多笔交易。交易者需要对每一种货币对的交易进行清晰记录。

单种货币对的记录可能如表9-2所示(四项交易两轮头寸):

表9-2　单种货币对的交易记录

日　　期	方　　向	开　盘　价	收　盘　价	头　位　规模	盈利 / 亏损
4月29日	买入	¥103.50	¥104.00	10,000	¥50
4月30日	卖出	¥104.25	¥103.75	5,000	¥25

有些交易者还在账目中计入了新建头寸的日期,这可以在自己与交易商就具体价格产生争议时派上用场。

无论交易者是采用Excel电子表格还是复杂的记账/记录系统,了解盈利与亏损始终是极为重要的。如果交易多种货币对,这一点同样适用。

如果交易者未对已进行的交易做出清晰的记录,将无法对后续的交易决策做出最好的规划。

9.1.4　修改交易策略

入场价、离场价、盈亏比、成功概率是问题的关键所在。只需一两个小改动即可彻底改变盈亏情况。

即使入场价不太理想，甚至非常落后于走势，只要交易者在正确的时间离场，依然能获得收益，但是通常不佳的入场点会压缩盈亏比，使得原本能用1分风险博取2分收益的情况变成2分风险博取1分收益。长此以往，整个策略的盈利将会受到挤压。

成功概率也至关重要，若策略的成功概率较低，将会影响交易者的执行与心理。同时，资金量不充足时，应用成功概率低的策略，交易者容易很快被淘汰出局。

修改交易策略的目的是解决交易者原先没能发现的问题或缺陷。这并不是坏事，随着交易的深入、问题的暴露，不断修改和迭代，是对交易系统最好的、最有效的升级。

需要修改交易策略的主要原因在于：亏损幅度或频率大于预期，导致盈利/亏损率极低或亏损超过收益且成为负值。但是即使盈利/亏损率在可接受范围内，交易者还是可以通过修改交易策略进一步改善。

9.1.5　重新评估交易策略

评估交易策略的第一步是对现有交易进行一次诚实、彻底的回顾审查，持续且如实记录的交易情况因此至关重要。但实际上，或许只有不到1%的交易者能做到。

不过，随着计算机技术的广泛应用，交易者在交易商处的账户对账单可以显示入场价和离场价等信息。交易者应该将盈利交易与亏损交易分开，并在图表上用点或其他记号标注这些交易发生的位置。

9.1.6　重新评估分析流程

在一笔交易出现亏损的过程中, 交易者可以选择: 普通的止损平仓, 或者止损的同时建立反向头寸。如果第二种方式造成亏损交易, 应停止该操作; 如果获得盈利, 交易者可能希望继续这种交易策略。

通过回顾分析流程, 交易者发现错过一个持续的上涨趋势, 并且止损后的反向开仓导致交易进一步亏损。这是审视历史交易后得出的教训。交易者错过了大趋势, 因此, 在重新评估分析流程后, 为了更好地判断转向是否明智, 交易者可以添加一个时间周期更长的图表确定大方向。

9.1.7　重新评估技术指标

除了通过观察多个时间周期以展开思路外, 下一步交易者应该对技术指标本身进行重新评估。它们真的对交易者有效吗? 这是最艰难的测试。

交易者可能会执着于自己的指标理念, 例如斐波那契回调。但当交易者见到的回调与正确的斐波那契数字并不相符时, 有可能因为等待理论上正确的图表而错过机会; 也有可能因为 "理论上正确" 的虚假信号掉入交易陷阱。

交易者应该与市场同步思考, 而且同步思考的方式是要了解交易者的指标为何显示目前的信号。回顾之后问问自己 "什么是市场心理学", 这有助于交易者检测出指标什么时候会给出正确的信号, 什么时候会给出错误信号。

有些指标容易给出虚假信号, 例如长期趋势中的随机震荡指标。此外, 重新评估交易流程也能够更好地让直觉服务于理性分析。

9.2 如何避免追缴保证金

当交易者的账户权益已经不能达到最低保证金要求时，交易平台会向交易者发出要求追缴保证金的通知。

接到追缴保证金的系统提示，意味着对交易者目前持仓的"死亡警告"，交易者要么通过追加保证金续命，要么等待强行平仓。面对追缴保证金的通知交易者该如何抉择呢？

有杠杆的交易才会需要保证金，保证金是维持交易持仓的标准，而杠杆则能让交易者的资金得到倍乘效应的助力。

举个简单的例子，如果一个交易者只有1 000美元却想买入1标准手（相当于10万美元）的欧元兑美元（EURUSD）。某交易商为交易者提供杠杆后，交易者最低只需600美元就可以进行这笔交易，而剩下的400美元，就是交易者账户剩余的资金，成为可用保证金，这部分资金可用于承担持仓的亏损或进行其他交易。

交易者买入1手欧元兑美元（EURUSD）的最低保证金要求为600美元，如果建仓后市场朝着与交易者入场相反的方向变动，欧元兑美元下跌40个点，账户便会产生400美元的亏损。那么，账户的1 000美元就仅剩600美元，达到最低保证金要求的临近点。此时，交易商将发出追缴保证金的系统提示。

保证金不足通常有两点原因：

（1）有杠杆的情况下仓位过大；

（2）亏损后不止损、不平仓，导致亏损不断放大，侵蚀了可用保证金。

如何才能避免追缴保证金？三个重要方法介绍如下。

（1）向保证金账户汇入充足资金。交易者通常需要使用保证金水平至少高于最低保证金要求的20%，因为外汇市场价格变动迅速且24小时开盘，资金不充足时，交易者有可能在休息时间被强制平仓。

（2）通过部分平仓使账户满足保证金要求：在一些情况下，这是一个很好的处理方式。对于交易决策的错误及时做出反馈，且保留潜在的可能性不失为一种平衡的选择。

（3）通过衍生品对冲减少风险敞口与保证金占比。

其实，一名较为激进的交易者有可能时常接到追缴保证金的警告。毕竟，外汇市场的波动可能会超出预期。

这三个方法可以让交易者很好地处理追缴保证金通知，减轻压力，使交易从容不迫。

9.3　如何设置止损线

有很多交易者一直没有养成止损的习惯，在交易上吃了很多亏。

金融业有一本非常有名的书，叫《我在损失百万美元后学到了什么？》，作者是吉姆·保罗，一个在美国期货行业拥有近25年职业生涯的资深交易员，曾经于芝加哥商品交易所（CME）理事会和执行委员会任职。

在经历了前半程的成功后，吉姆·保罗却因一系列糟糕的交易决策让他自己在1983年丢了职业生涯的饭碗。

在这本书当中,他谈到了止损计划。他说:"没有计划地进入市场就如同从一个没有标价的菜单中点餐,让服务员随意填写你的账单并在你的收据上签名。抑或是在不知道你赌了多少钱的情况下玩赌轮盘,并在游戏结束后让管理人告诉你赢了或输了多少钱。"

没有止损,就像闭着眼睛过独木桥。

在交易的世界,有时候交易者真的会遇到自己开仓一笔交易之后,市场刚碰到止损就立即反弹了。难道真的应该因此而移除止损吗?不,如果交易者总是遇到这种情况,那恰恰说明可以用更好的方法设置止损。

专业的交易员是如何止损的呢?

9.3.1 运用技术指标止损

技术指标是专业交易员最擅长的部分,也是比较容易操作的,具体有以下五种方式。

1. 用布林线设置止损

尤其是对趋势跟随交易者来说,布林线是很好的止损和追踪止损的工具。在上涨趋势中,交易者会发现价格不断走高且靠近上轨线。当趋势减缓,价格逐渐靠近中轨线。

中轨线相当于移动均线,因此在趋势行情中,价格会偏离中轨线,如果趋势减弱,价格就会回归这条移动均线。

所以,以布林线作为参考,趋势交易者可以在中轨线上下设置止损,并随着趋势变化来移动止损。保守型交易者可以将止损设置在与趋势相反的上下轨线之外。

2. 用趋势线和支撑阻力位设置止损

趋势线也是设置止损的好工具。如果价格突破趋势线，就意味着一种趋势正在弱化或者快到尽头了，那么止损就适合设置在趋势线的另一侧。

比如，上升趋势线的下方、下降趋势线的上方，从而帮助交易者及时退场。有一个问题就是画趋势线是相当主观的，有时候交易者会迷茫，到底应该连接影线还是蜡烛图实体。简单来说，往往将止损放在连接影线的趋势线之外成功概率更高。斐波那契数列也可以扮演支撑位和阻力位的角色。因此，用支撑阻力位设置止损的方法也适用于斐波那契数列。

3. 用移动均线设置止损

在趋势中，价格会随着趋势加强而偏离移动均线，如果趋势减缓或反转，那么价格会回归移动均线。用得较多的移动均线参数有10、20、50、55、100、200，可以作为支撑与阻力线的设定，将止损放在这些均线之外。止损不要就设置在移动均线处，而要保持一定距离。

4. 用平均波幅均值指标（ATR）设置止损

使用ATR的止损方法比较灵活，因为止损的设置需要根据波动性来定。如果ATR数值高，那么价格波动性高，这时候止损范围可以更宽一些，同时止盈范围也可以大一些，让盈亏比更有利。如果ATR数值低，那么价格波动低，应当适当收紧止损范围。使用ATR设置止损的好处是，它可以和其他止损方式同时应用，增加一层保险。

5. 用价格形态设置止损

以出现头肩或倒头肩形态为例，如果在颈线突破时入场，在另一侧设置止损即可。如果在价格回撤时入场，那么止损则设置在高点或低点上下方。要注意的是，这样的止损设置广为使用，因此也要结合其他的交易维度，否则很容易被其他交易者捕捉，也就是市场上所说的猎杀止损。

这些用技术指标来设置止损的方式，可能在开始的时候有些难度，但一旦掌握了其中的精髓，操作起来难度就会下降很多。

9.3.2　用资金额做止损

用固定金额设置止损就是在每次入场之前计划好输多少点就要止损离场。这是一个很好的资金管理方法。比如说，一个月操作十次，盈利6次，止损4次，盈利总额是600点，止损亏掉总额是200点，那么结果必然是盈利的。这种止损方式是比较容易操作的，也很有效。

9.3.3　用时间止损

用时间止损。止损的持仓时间从几分钟到几个交易日不等。如果市场未能达到交易者的预判，那就可以先止损观望了。

不管是哪种止损方式，除了要理解市场、顺应市场，还要对抗人性的侥幸和贪念，否则再有效的止损方式也不能真正止损。

9.4　交易为什么亏损

大家在交易中有没有体验过一种感觉，就是眼睁睁地看着交易损失越来越多而不知所措。亏损的交易不光可能让交易者赔钱，甚至可能毁了本来大好的事业，甚至人生。如何管理亏损的交易呢？交易者需要先逐一分析交易为什么亏损？导致亏损的常见原因有哪些？

9.4.1 频繁交易

很多交易者每天开仓很多次,今天买、明天卖,卖了以后感觉又有机会,于是再次买进。尤其参与到T+0机制的外汇市场中,交易很容易变得过于频繁。实际上,有利的交易机会并没有那么多。

做交易,并不是让交易者总是在交易。如果交易者一年只交易一次,一次就是盈利颇丰,实数非常厉害。

9.4.2 行情太短或者假突破

一些日内交易者,交易持仓时间都非常短,有的甚至不到几分钟就离场。而事实上,太短线的交易是非常容易亏损的。为什么会发现行情太短呢?

如果趋势行情太短,在绝大多数情况下这是更高一级趋势中的调整。比如说,高一级的趋势是上涨,交易者却做空了。如果是震荡市场的突破行情太短,便是假突破。比如说,明明是震荡市场顶部的假突破,交易者却做多了。

从本质上来说,假趋势、假突破,往往是因为交易者在更高一级的趋势中逆市操作了。

9.4.3 逆势交易

虽然趋势明明白白地正在那里往前推进,跟着它的方向走就会赚钱,但是很多交易者总喜欢抄底摸顶,总觉得"价格跌了这么多了应该要涨了""价格涨了这么多了就应该要跌了"。事实上,可能入场交易的时候价格远没有跌透或者涨够,当趋势尚未结束,顺势而为将会提高交易的成功概率。

抄底卖顶在横盘震荡行情中最有效,即使这样,小资金的交易者也不要在正在大涨的情况下做空或者正在大跌的情况下买入,而应该等价格涨到明显阻力位后盘弱时做空，或者跌到明显支撑位出现强势时买入，这才是安全的方法。

如果顺势操作，那么交易者最可能做对无数次而做错一次，只错在转折点上；但如果逆市操作，那么很可能错无数次后换来正确的一次。这个在上一章胜率的部分我们也提到了，胜率太低是非常危险的。

针对这一点，正确的方法应该是放弃前10%甚至是20%的利润，而追求稳定可靠的顺势行情利润；也就是说，一定要等到趋势确立后才能进场交易。这样的利润单次来看，会比偶尔"抄对底""卖对顶"的所谓高手们赚得少，但长期来看，却更容易带来稳定盈利。

有的交易者认为很难看清趋势的方向，其实趋势的定义简单明了，上涨趋势既是高点不断抬高，低点也不断提高的价格走势，下跌趋势是高低点不断创下新低的价格走势，如果能忽略小幅度的波动和噪音，绝大多数情况下，市场的趋势都是比较明确的。看不清趋势的原因很可能是因为所观察的时间区间过短，换成大一级别的时间区间，趋势往往是一目了然的。

9.4.4　顺势仓位被洗盘止损

趋势行情会有正常的回调。应对的策略是根据趋势的定义设定止损点和止盈点，在趋势的发展过程中不断提高止盈点，直到反转将盈利头寸止损。但有时市场会出现过大的回撤把交易单止损掉，之后市场又恢复原来的趋势。这种情况时常发生，毕竟真实的市场没有理论上的那么有规律。

在这种情况下，交易者应对的策略是出场后再次严格按交易计划给出的交易机会开仓，设置好止盈止损，而不要在意以更高的价格或者更低的价格入场。

有的交易者会说，这个时候，不敢开仓了。这里就涉及交易心理的问题了。贪婪、恐惧、懊悔、自大、自责等多种阻碍交易者在市场中获利的情绪都应得以控制。"在10元卖出, 12元买回来"这是很多人在心理上都很难接受的, 但如果不这样, 可能会错过一大段趋势行情。

克服心理问题、严格按交易计划执行, 才能长期盈利。交易心态的稳定性是需要交易者逐渐积累经验、磨炼心态, 逐步提升的。

9.4.5　追涨杀跌

趋势交易并不在乎追涨杀跌, 因为趋势行情中高点还有更高点, 低点还有更低点。顺应趋势的仓位只要有耐心等待趋势的发展, 大概率可以获利。但如果不讲究买卖时机, 随后价格回撤, 仓位被套, 不但影响情绪, 使心态失衡, 更是会对持仓的信心造成打击。

9.4.6　出场太早

从严格意义上来讲, 这种情况一般不是亏损, 而是没拿住获利。比如说, 在一轮趋势明显的大行情中只赚到蝇头小利就平仓离场了。这很可能是让交易者整个账户亏损的一个重要原因。

在趋势发展过程中, 只要趋势开始向一个方向移动, 那么后续趋势最可能的方向仍然是向这个方向移动, 这是阻力最小的方向。此时, 心理素质和纪律是关键。不要试图去猜头部和底部而提前平仓, 要在趋势已经明显反转之后平仓, 对趋势有信心, 就是对自己的判断有信心。

除了上面六点技术性错误之外, 没有止损、重仓交易、没有交易策略凭感觉想当然都是低级错误。要想长期盈利, 这种低级错误一定要避免。

先对亏损的原因进行分类, 有意识地进行修正, 交易成绩会有很大的提高, 无疑外汇交易中的常胜将军正是克服了上述低级错误的聪明的投资者。

9.5 如何通过衍生品对冲风险

金融衍生产品是基于标的资产的金融工具,其理论价格由基础产品的价格、包含参数的数学公式等决定。金融衍生产品通常有相应的现货资产作为标的物,成交时不需立即交割,而可在未来时点交割。典型的外汇衍生品包括外汇远期、外汇期货、外汇期权和外汇互换等。

9.5.1 期　权

第三个对冲风险的工具叫作期权。外汇期权主要可分为看涨期权和看空期权。买入期权,通俗地讲,就是交易者在支付一笔很少权利金后,便可享有在未来买入或卖出外汇的权利。

拿看涨期权为例。如果交易者预计美元兑日元(USDJPY)贬值,可以选定10万美元的期权面值,约定一个美元兑日元(USDJPY)的价格,比如107,投资期限为1个月。交易者只需支付1%左右的期权费,大概1 000美元,若此后一个月中,如果美元兑日元(USDJPY)下跌至103,交易者就可以立刻获利。如果到期日元没升值,跟预期方向相反,那交易者的本金不会有损失,损失的只是付给银行的期权费。

当"香草"一词被用于形容期权时,它是指期权结构较为简单,或者至少不如其他期权交易类型复杂或"奇异"的期权。换言之,香草期权交易是一种普通的看涨或看跌期权。看涨期权是以约定的行权价在特定日期当天或之前买入特定数额货币的权利,而看跌期权是以约定的行权价在特定日期当天或之前卖出特定数额货币的权利。在外汇市场中,期权可以进行场内(通过交易所)交易或场外(银行间市场)交易。

通常，"欧式期权"仅能在到期日行使权利，而"美式"期权可以在到期日及到期日之前的任意一天行使权利。如果要充分地了解期权价格，交易者需要具备优秀的数学能力，简而言之，期权价格是由以下数值计算得出的：

（1）标的现价；

（2）行权价格（高于或低于当前价格）；

（3）到期时间；

（4）期权合约期内的预期波动率。

"内在价值"是指期权合约的今日价值，根据当前价格与行权价的差价函数，可进行如下分类：

（1）如果行权价高于当前价格，期权为"价内"行权；

（2）如果行权价等于当前价格，期权为"平价"行权；

（3）如果行权价低于当前价格，期权为"价外"行权。

如果交易者所买入的看涨期权（买入权）的行权价等于或高于今日价格，交易者需要支付的成本或权益金将包括代表收益的差额及时间价值和波动率因素等。

香草期权可以由交易者自行决定是将它作为方向性赌注还是现有头寸的对冲。期权可以作为一种成本更低的下注方法，而且如果设计得当，它还可以降低亏损风险。"期权"一词表示买家有权利，但没有义务在特定时间以特定价格完成一笔交易，但这可能有一定的误导性——如果交易者是期权卖家，则无法选择退出市场，而且如果购买方的期权盈利，交易者必须与他进行交割。如果交易者是期权买家，最大亏损不会超过本身支付的权益金。如果交易者是期权卖家，从理论上而言，亏损是无限的。虽然，以外汇为标的资产的风险并不是无限的——因为货币不会像企业股票一样退市——但相关亏损可能非常大，尤其是当交易者未了解外汇衍生品的风险就盲目采用杠杆式的策略时。

通常情况下,有四种交易方式可供选择:

(1)买入看涨期权

如果交易者认为汇价将上涨,则可以买入看涨期权,并将行权价设为一个合理的价位,以便价格经过期权合约期后能达到该价位。如果价格上涨幅度超出交易者支付的权益金,交易者可以赚取差价。如果价格未能接近行权价,甚至掉头而去,交易者允许期权无价值到期。期权交易者总会计算其保本价,即行权价加上或减去期权成本(权益金)。

(2)卖出看涨期权

如果交易者认为汇价将下跌,则可以卖出看涨期权;从头寸角度来看,这与做空汇价相同。作为卖家,交易者赚取权益金,而不是支付权益金。随着汇价下跌,收益累积速度由于已经赚取的权益金而逐渐加快。从风险角度来看,卖出看涨期权的风险可能高于普通的空头头寸,因为如果汇价大幅超过行权价,相应的亏损可能非常大幅和迅速。

(3)买入看跌期权

如果交易者相信汇价将下跌,则将买入看跌期权,该期权允许交易者在到期日将合约数额"卖给"买家。如果价格确实跌至保本价以下(行权价减去所支付的权益金),交易者将在新的盈利价位行使期权或卖出期权。如果价格不但没有下跌,反而上涨,交易者可以卖出已经无价值的看跌期权或让它无价值到期。

(4)卖出看跌期权

与卖出看涨期权相似,卖出看跌期权是指如果合约为"价内"状态,交易者应从对手方买入标的资产。如果到期价格高于行权价,交易者仍需保持权益金。

交易者可以结合看涨期权与看跌期权来制定期权策略,使它能反映交易者对外汇市场走势的预测及对盈利率正确与否的估计。期权策略可能会迅速变得复杂，虽然香草期权只有四种类型，但组合起来，结合不同的行权价和权益金有无数种可能性。

跨式策略是比较简单的类型——它是指交易者以相同的执行价格同时购买或卖出具有相同的到期日相同标的资产的看涨期权和看跌期权。宽跨式策略是指看涨期权与看跌期权的行权价不同。蝶式差价策略是指以一个价格买入一份看涨期权，以另一个行权价卖出两份看涨期权，然后以第三个行权价再买入一份看涨期权。铁鹰策略与蝶式差价策略相似，但它以两个不同的行权价卖出两份看涨期权。

期权交易中备受推崇的策略是卖出持保看涨期权，即在持有标的资产的同时以较高的价格卖出看涨期权。交易者将行权价设为希望锁定的盈利价位。如果价格下跌，而不是上涨，则交易者赚取了权益金，因而从一定程度上减少了亏损。大多数外汇交易者并不会因为对潜在价值的猜想而长时间持有外汇的多头头寸，但他们可能希望在下一个月、三个月甚至是六个月之后做多一种涨势频繁的货币对。这些交易者卖出货币看涨期权的时间将晚于卖出任何一种多头头寸的时间，但大多数时候，他们仍会觉得得到了"掩护"。

随着汇率风险的加大，很多人担心，汇率波动加大怎么办？如果不想要这个风险，想要套期保值怎么做呢？外汇期货与外汇期权是适合散户与中小企业的最佳场内交易产品。

9.5.2　外汇期货

首先解释一下什么是期货。期货主要是一种对冲风险的工具，比如我是一个养猪的，养了一只小猪，以后要卖掉，我担心小猪长大出售的时候，市场上猪的价格下降，于是就预先在期货市场做空生猪期货，也就是卖出生猪期货，这样一来，即使小猪长大出售时，猪的价格真的下跌了，虽然在现货市场我的猪卖赔了，但是在期货市场，由于我是在价高时卖出的，价低的时候买入平仓，我在期货市场的收益就弥补了现货市场的损失。

外汇期货也是同样的道理，只不过生猪换成了外汇，也就是在预先约定的日期，按照约定的汇率买入一种货币，或者卖出一种货币。

国内使用外汇期货的企业和个人还很少，但是在国际贸易上，外汇期货却是常用且有效的工具。

例如，交易者在某欧洲外企工作，领取欧元薪水，未来计划回国生活，如果担心以后欧元贬值，可以预先卖出欧元期货。一旦欧元真的走低，欧元期货合同中的获利就能弥补交易者薪水中减少的部分。

具体来讲，外汇期货套期保值分为空头套期保值和多头套期保值两种。

1. 空头套期保值（short hedge）

假设7月5日美国某公司出口了一批商品到瑞士，两个月后可收到500 000瑞士法郎。为防止两个月后瑞士法郎贬值，公司决定利用瑞士法郎期货进行套期保值（每份瑞士法郎的期货合约总价值是125 000瑞士法郎）。瑞士法郎的即期汇率和期货价格以及空头套期保值的操作见表9-3：

表9-3　空头套期保值操作

外汇现汇市场	外汇期货市场
7月5日 预收500 000瑞士法郎 汇率：1美元=1.2540瑞士法郎 折合美元：500 000÷1.2540=398 724（美元）	7月5日 卖出4份9月份的瑞士法郎期货 价格：1瑞士法郎=0.7970美元 价值：125 000×4×0.790=398 500（美元）
9月5日 卖出500 000瑞士法郎现汇 汇率：1美元=1.2900瑞士法郎 折合美元：500 000÷1.2900=387 597（美元）	9月5日 买进4份9月份的瑞士法郎期货 价格：1瑞士法郎=0.7760美元 价值：125 000×4×0.7760=388 000（美元）
损失：387 597-398 724=-11 127（美元）	盈利398 500-388 000=10,500（美元）

从这个例子中可以看出，由于两个月后瑞士法郎出现贬值，从而使美国公司500 000瑞士法郎现汇少收入11 127美元，但在期货市场上的空头套期保值却使该公司盈利了10 500美元，从而基本完全抵消了现汇市场上的损失。当然，如果两个月后瑞士法郎汇率出现上升，这个公司在期货市场上会受损，但在现汇市场上却可以多收美元。

2. 多头套期保值（long hedge）

假设6月初美国某公司从英国进口了一批价值250 000英镑的货物，3个月后支付货款。为防止因英镑汇率上升而增加进口成本，公司便准备通过英镑期货（每份合约62 500英镑）交易来进行套期保值。具体操作见表9-4：

表9-4　多头套期保值操作

现汇市场	外汇期货市场
6月初 汇率：1英镑 =1.8420 美元 250 000 英镑折合 460 500 美元	6月初 买进 4 份 9 月份英镑期货 价格：1 英镑 = 1.8425 美元 价值：625 00×4×1.8425=460 625（美元）
9月初 买进：250 000 英镑 汇率：1 英镑 =1.8654 美元 支付：466 350 美元	9月初 卖出 4 份 9 月份英镑期货 价格：1 英镑 =1.8690 美元 价值：625 00×4×1.8690=467 250（美元）
损失：460 500-466 350=-5 850（美元）	盈利 467 250-460 625=6 625（美元）

从上例中可以看出，尽管因英镑汇率上升而使公司3个月后在现汇市场买进250 000英镑多支付了5 850美元，但因在期货市场上做了多头套期保值而盈利了6 625美元，从而抵消了现汇市场上的损失。同样的道理，如果3个月后英镑汇率出现下跌，那么这个公司在期货市场上的亏损可用现汇市场上的风险收益来抵消。

9.5.3 远期合约

远期合约和期货类似，也是一种对冲工具。

交易者担心某汇率下跌，可预先锁定一个价格，在一定期限内，不管汇率如何变化，到期时都以约定价格成交。期货一般属于场内交易，是交易所的产品，有标准合约；远期合约可以根据客户的需求拟定，属于场外交易，没有标准的合约。在多头对冲、空头对冲管理外汇风险的用法上，跟外汇期货是类似的。

外汇期货、远期、期权主要是对冲工具，也可以作为投机交易的工具使用。以期权为例，虽然从投机的角度来看，可以更充分地表达交易者对市场不同情景的预期，上涨、下跌、震荡、无波动均有对应的、可量化的策略攫取收益，但是由于这些产品价格变动涉及多项参数，交易策略通常比较复杂，交易者需要有过硬的金融数学知识结构和多年的实践经验才能盈利。没有经过专业训练盲目入市会面临巨大的风险。

读 者 意 见 反 馈 表

亲爱的读者：

感谢您对中国铁道出版社有限公司的支持，您的建议是我们不断改进工作的信息来源，您的需求是我们不断开拓创新的基础。为了更好地服务读者，出版更多的精品图书，希望您能在百忙之中抽出时间填写这份意见反馈表发给我们。随书纸制表格请在填好后剪下寄到：北京市西城区右安门西街8号中国铁道出版社有限公司大众出版中心 张亚慧收（邮编：100054）。或者采用传真（010-63549458）方式发送。此外，读者也可以直接通过电子邮件把意见反馈给我们，E-mail地址是：lampard@vip.163.com。我们将选出意见中肯的热心读者，赠送本社的其他图书作为奖励。同时，我们将充分考虑您的意见和建议，并尽可能地给您满意的答复。谢谢！

所购书名：_____

个人资料：

姓名：_____ 性别：_____ 年龄：_____ 文化程度：_____

职业：_____ 电话：_____ E-mail：_____

通信地址：_____ 邮编：_____

您是如何得知本书的：

□书店宣传 □网络宣传 □展会促销 □出版社图书目录 □老师指定 □杂志、报纸等的介绍 □别人推荐
□其他（请指明）_____

您从何处得到本书的：

□书店 □邮购 □商场、超市等卖场 □图书销售的网站 □培训学校 □其他

影响您购买本书的因素（可多选）：

□内容实用 □价格合理 □装帧设计精美 □带多媒体教学光盘 □优惠促销 □书评广告 □出版社知名度
□作者名气 □工作、生活和学习的需要 □其他

您对本书封面设计的满意程度：

□很满意 □比较满意 □一般 □不满意 □改进建议

您对本书的总体满意程度：

从文字的角度 □很满意 □比较满意 □一般 □不满意
从技术的角度 □很满意 □比较满意 □一般 □不满意

您希望书中图的比例是多少：

□少量的图片辅以大量的文字 □图文比例相当 □大量的图片辅以少量的文字

您希望本书的定价是多少：

本书最令您满意的是：

1.
2.

您在使用本书时遇到哪些困难：

1.
2.

您希望本书在哪些方面进行改进：

1.
2.

您需要购买哪些方面的图书？对我社现有图书有什么好的建议？

您更喜欢阅读哪些类型和层次的书籍（可多选）？

□入门类 □精通类 □综合类 □问答类 □图解类 □查询手册类 □实例教程类

您在学习计算机的过程中有什么困难？

您的其他要求：